Chair de poule.
Le roman du film

Chair de poule®

Le roman du film

Préface de R. L. Stine
D'après le scénario de Darren Lemke
et une histoire de Scott Alexander
& Larry Karaszewski

Traduit de l'anglais (États-Unis)
par Marie-Hélène Delval

bayard jeunesse

Titre original

Goosebumps® — Movie novel

© 2015, Scholastic Inc.
Tous droits réservés, reproduction même partielle interdite.
Chair de poule et tous les logos qui y sont associés
sont des marques déposées par Scholastic Inc.
© 2015 Columbia Pictures Industries, Inc. Tous droits réservés.
Publié avec l'autorisation de Scholastic Inc., éditeur depuis 1920,
557 Broadway, New York, NY 10012, USA.
© 2016, Bayard Éditions pour la traduction française.
Loi n° 49-956 du 16 juillet 1949
sur les publications destinées à la jeunesse.
Dépôt légal : janvier 2016

ISBN : 978-2-7470-6209-1
Imprimé en Slovénie

PRÉFACE

R. L. Stine

La nuit dernière, j'ai fait un cauchemar. Je rédigeais la préface de ce livre. Derrière moi, quelqu'un murmurait l'étrange formule qui donne vie à Slappy, le pantin maléfique : *Karru marri odonna loma molonu karrano.*

Ces mots terrifiants résonnaient dans mon rêve, et je me suis réveillé en sueur. J'ai parcouru la chambre du regard, m'attendant à découvrir l'affreux personnage près de mon lit, avec son regard froid et son sourire cruel. Heureusement, il n'y avait personne.

Un cauchemar n'est qu'un cauchemar.

Le lendemain matin, j'ai reçu de bonnes nouvelles. Je me suis empressé d'en faire part à ma femme, Jane :

– C'est Jack Black qui va être MOI dans le film *Chair de poule* !

Jane a approuvé de la tête.

– Il est merveilleux ! Il est formidable ! Il va être super ! me suis-je exclamé en frappant du poing sur la table du petit-déjeuner.

Notre chien, plongé dans sa première sieste de la journée, a ouvert un œil vaguement intrigué.

– Je me demande comment il va interpréter mon personnage, ai-je poursuivi, l'esprit en ébullition. Élégant et sophistiqué ? Sombre et mystérieux ? Génial et inquiétant ?

– Excentrique, probablement, a dit Jane. À moins que ce ne soit trop réaliste ?

* * *

Quelques semaines plus tard, Jack a pris l'avion pour venir me rencontrer à New York, où je vis. Pendant le déjeuner, nous avons beaucoup discuté et beaucoup ri.

– Je sais comment je vais jouer votre rôle, m'a révélé Jack au dessert. Je serai simplement *vous*, en un peu plus effrayant.

Ça me paraissait parfait. Au naturel, je n'ai rien d'effrayant. Un journal de l'Ohio a écrit un jour : « R. L. Stine est à peu près aussi inquiétant qu'une paire de lunettes. » Je suis un type plutôt jovial, assis toute la journée devant son ordinateur, qui écrit des histoires pour faire peur aux enfants.

J'étais ravi que Jack Black tienne le rôle principal du film *Chair de poule*. Et tout aussi ravi d'apprendre que les adolescents de l'histoire seraient interprétés par Dylan Minnette, Odeya Rush et Ryan Lee. Âgés tous trois de dix-sept ans, ils sont aussi charmants que talentueux. J'ai eu grand plaisir à bavarder avec eux, à Atlanta, où se passait le tournage.

* * *

Depuis que le film est annoncé, on me demande sans cesse : « Lequel de vos romans va être adapté ? »

La question s'est posée bien avant l'écriture du scénario. De quelle histoire le film allait-il s'inspirer ? *Le masque hanté* ? *La colo de la peur* ? Quel personnage maléfique en serait la vedette ? Le méchant pantin ? Un monstre du Parc de l'horreur ? Les affreux nains de jardin ?

J'ai écrit plus de cent vingt-cinq livres Chair de poule. En choisir un était difficile, c'est le moins qu'on puisse dire.

C'est alors que les scénaristes ont eu une idée géniale : « Pourquoi adapter un seul roman ? Si on réunissait plutôt autant de personnages que possible ? »

Et c'est ce qu'ils ont fait.

C'était un vrai défi : utiliser des dizaines de monstres, de méchants et de dingues en tout genre sortis de Chair de poule ! Imaginer une aventure dans laquelle R. L. Stine et les jeunes héros devraient les affronter !

Dans ce film sont donc réunis l'abominable homme des neiges de Pasadena, la mante religieuse géante de *La rue maudite*, Slappy et ses claquements de mâchoires, des spectres, des épouvantails, le loup-garou des marécages et les horribles nains de jardin.

Comment toutes ces créatures seront-elles vaincues et renvoyées d'où elles sont sorties ? Eh bien… c'est le sujet du film !

Ce livre vous révèle toute l'histoire. Il vous offre du frisson, du rire, ainsi que les sales tours que vous verrez sur l'écran. Et vous découvrirez aussi…

HÉ ! MINUTE !

Qu'est-ce que tu fais là, toi ? Va-t'en, Slappy ! Sors d'ici ! Un cauchemar n'est qu'un cauchemar ! Slappy, s'il te plaît…

Merci de m'accueillir si chaleureusement, R. L.! Moi aussi, je suis content de te voir. Tu sais ce que veut dire R. L.? RÉPU-GNANTE LARVE! Ha, ha, ha! Tu as une sacrée allure, R. L.! C'est ton nez normal, ou tu es en train de manger un crapaud? Qu'est-ce que tu as fait à tes cheveux? Note bien que j'ai dit « cheveux », et pas « poils »! Ha, ha, ha! Et ta peau? J'ai vu des oignons qui en avaient de plus jolie! Ha, ha, ha!
Non, je blague! Tu es parfait. Parfaitement moche! Ha, ha, ha!

Mais assez bavassé ! Je suis là pour que tout le monde sache qui est la véritable vedette du film. Laissez-moi vous donner un indice : ses initiales ne sont pas R. L. Ha, ha, ha ! Je vous souhaite beaucoup de plaisir à la lecture de ce livre. Je suis sûr que vous aimerez découvrir qui est le VRAI pantin ! Ha, ha, ha, ha !

1

Je n'arrivais pas à croire qu'on quittait *vraiment* New York. Je n'y ai pas cru quand maman m'a dit, en m'enlaçant par les épaules : « Zach, nous devons prendre un nouveau départ. » Ni quand elle m'a raconté que ma tante Lorraine habitait une ville qui nous conviendrait tout à fait et qu'elle lui avait même dégoté un boulot là-bas. Il a fallu qu'on embarque nos affaires dans un conteneur, qu'on le hisse à l'arrière d'un train et qu'on prenne la route pour que je commence à réaliser.

Ça peut se comprendre, non ? Qui aurait l'idée d'abandonner New York pour aller s'enterrer dans un trou minuscule, ennuyeux à mourir, au beau milieu de nulle part ?

Cette idée, ma mère, Gale Cooper, l'a eue.

Et elle a trouvé bon de m'emmener avec elle.

Elle m'a assuré que j'adorerai Madison dès que je verrai la ville. Et voici ce que j'ai vu quand la voiture a franchi en cahotant une espèce de vieux pont rouillé : un panneau proclamant BIENVENUE À MADISON ! POPULATION : 28 245 HABITANTS.

On aurait mieux fait d'écrire : *Bienvenue à Nulle Part ! Vous serez les seuls habitants !*

On roulait dans un faubourg sinistre avec quatre maisons et à peu près autant de passants. Il y avait une rangée de restaurants, dont une gargote affichant SUSHIS TOUS LES MERCREDIS. À l'idée de ce qu'on appelait « sushi » dans un endroit pareil, j'avais déjà l'estomac à l'envers.

Maman observait tout ça à travers le pare-brise avec des yeux écarquillés comme si on traversait Times Square.

– Tu sais ce qui me plaît, ici ? La vie est moins chère ! Ça change.

Je me suis enfoncé dans mon siège.

– On n'aura pas remonté le temps après le pont ? Tu es sûre qu'ils ont la Wi-Fi ?

– Non, Zach. Ici, le soir, les gens s'assoient en rond autour de la radio à la lumière des chandelles.

Très drôle, maman !

– Maman, t'es vraiment certaine qu'il n'y avait aucun poste de proviseur adjoint ailleurs ? Au centre de détention de Guantánamo, par exemple ; ou dans une prison de Corée du Nord ?

– Non, ils m'ont snobée.

On s'est arrêtés à un feu rouge, près d'une voiture de police dans laquelle deux flics dormaient. C'était visiblement le genre d'endroit où il ne se passait jamais rien.

Notre nouvelle maison était… typique. Un jardinet, une barrière en bois et une boîte aux lettres sur un piquet. J'ai grogné. J'avais l'impression de jouer dans une série télé.

– Regarde ! Un jardin ! s'est exclamée maman. Ce n'est pas à New York que tu trouverais ça !

Elle est plus douée pour le faux enthousiasme que pour les blagues pas drôles. C'est sans doute ce qu'on apprend aux proviseurs adjoints.

– Maman, ne te fatigue pas à jouer l'agent immobilier ! ai-je soupiré.

On a commencé à sortir les cartons du coffre et j'ai ajouté :

– Je reste parce que je t'aime.

– Ooooh, je t'aime aussi.

Avec un large sourire, j'ai conclu :

– Et j'ai étudié la question : jusqu'à dix-huit ans, je n'ai pas le droit de vivre seul.

Elle est rentrée dans la maison en secouant la tête. J'ai pris le temps d'examiner mon nouvel environnement en tâchant de me convaincre : *Te voilà chez toi.*

Quelque chose a bougé derrière la fenêtre de la maison voisine. Du moins, c'est ce qu'il m'a semblé. Mais, quand j'ai regardé, je n'ai vu personne.

Super. Les voisins nous espionnent.

Encore une caractéristique de la vie dans une toute petite ville. À New York, on n'est jamais vraiment seul. Mais on ignore les gens d'à côté, les gens d'à côté vous ignorent, et c'est très bien comme ça.

L'intérieur de la maison correspondait exactement à son extérieur. Le parfait habitat de banlieue façon série télé.

— Regarde cette cuisine ! s'est écriée maman. Elle est plus grande que notre ancien appartement !

Sur ce point, elle avait raison. La pièce était énorme. Toutes les pièces de la nouvelle maison étaient énormes, comparées à celles auxquelles j'étais habitué.

Une belle perte d'espace, si vous voulez mon avis.

— On ne cuisine pas, ai-je fait remarquer.

— Eh bien, ce sera un terrain d'atterrissage géant pour plats à emporter. Sshhhhshhhshsh... !

Elle s'est tue, a penché la tête.

— Et tu entends... ?

J'ai écouté.

— Non... Je n'entends rien.

— Le silence.

C'était bien ça le problème.

À New York, le bruit est incessant : sirènes, moteurs, marteaux-piqueurs, coups de klaxon, interpellations, portières qui claquent. La vie, quoi ! À Madison, on entendait des chants d'oiseaux et le murmure du vent.

Oui, je voyais très bien. Seulement, je n'arrivais pas à comprendre pourquoi ça lui plaisait.

— En direct de New York…, a articulé une voix derrière moi.

J'ai pivoté sur mes talons pour découvrir ma tante Lorraine, parlant dans son poing comme s'il s'agissait d'un micro :

— … ma sœur, Gale ! Et en exclusivité mondiale, mon neveu, Zach ! Allez ! Dans mes bras !

— Oh, salut ! Ouais !

J'espérais qu'elle n'avait pas remarqué mon léger recul. Tante Lorraine a la mauvaise habitude de me pincer les joues.

— Laisse-moi l'examiner ! Oh, c'est pas croyable ! Il est plus beau chaque fois qu'on le voit !

— Merci, tante Lorraine !

Soyons clairs : je ne suis pas beau. Les seuls à me trouver agréable à regarder sont les gens de ma famille.

— Il est trop beau gosse. On a eu chaud, tu étais si moche quand tu étais bébé !

Euh… Merci ?

— Oh, Lorraine…, a protesté ma mère en secouant la tête.

— Quoi ? Ça va ! Il est devenu beau, a insisté ma tante. C'est pas comme s'il allait encore s'enlaidir, être

15

canon le matin et redevenir hideux. Non, il n'y a plus aucun risque.

Son regard s'est perdu au loin, et, à sa façon de froncer le nez, j'ai compris qu'elle repensait aux photos de ma petite enfance.

— Jamais vu un bébé aussi *laid* !

— Je sais, tante Lorraine. Tu me le rappelles chaque fois qu'on se rencontre.

— Oooh ! Avant que j'oublie ! J'ai un petit cadeau pour toi. Je suis une tante en or.

Elle a farfouillé dans son sac à provisions pour en tirer une casquette de base-ball. Une casquette rutilante, ornée de milliers de paillettes.

— Ça vient de ma nouvelle ligne pour hommes ! a-t-elle déclaré fièrement avant de me l'enfoncer sur le crâne.

— C'est… très gentil, a dit ma mère en réprimant un fou rire. Dis merci, Zach !

De tous les mots qui me venaient à l'esprit à cet instant, *merci* était bien le dernier.

— C'est une série limitée ! a précisé tante Lorraine avec fierté. Je suis sûre que tu verras très peu d'hommes porter cette casquette !

— Oh, j'ai du mal à imaginer quelqu'un qui porte ça, c'est beaucoup trop exceptionnel, ai-je marmonné avant d'annoncer : Je… euh, je vais aller vider la remorque !

Je suis sorti en vitesse, laissant ma mère et ma tante à leurs retrouvailles. Elles allaient sans doute commenter la belle allure que me donnait mon scintillant couvre-chef.

Arrivé à la remorque j'ai soulevé trois cartons empilés les uns sur les autres. J'avais à peine parcouru la moitié de l'allée quand j'ai senti craquer le fond du premier.

Aïe, aïe, aïe.

J'ai glissé la main dessous, ce qui a déséquilibré le carton du dessus. Il a glissé, la pile entière a vacillé.

Et je me suis retrouvé au milieu d'un amas de cartons éventrés.

C'est bien sûr cet instant qu'a choisi la plus belle fille du monde pour passer la tête par la fenêtre et me lancer :

– Bravo !

2

– Alors, c'est toi le nouveau voisin ? a dit la fille, les yeux fixés sur les cartons.

Elle était… Waouh ! Ses longs cheveux bruns ondulaient comme dans une pub pour shampoing. Et le bleu de ses yeux vous donnait envie d'écrire des poèmes sur le ciel, les lacs, l'océan et tout le bazar. Enfin, si vous êtes du genre à écrire des poèmes, ce qui n'est pas mon cas.

– Ouais… Hum, enchanté, ai-je balbutié.

– Y a combien d'heures de route depuis New York ?

Comment savait-elle que j'arrivais de New York ?

– C'est facile de deviner, avec ta jolie casquette… Oui, ta casquette !

Oh. D'accord. La casquette. La scintillante mocheté. J'aurais voulu m'évaporer dans les airs. Que *la casquette* s'évapore. Ou qu'elle subisse une combustion spontanée.

Comme rien de tout cela ne s'est produit, je l'ai ôtée et l'ai fourrée dans ma poche en me justifiant :

– Oh, non, ça, c'est… Non, en fait, c'est un cadeau de ma tante.

La fille a commenté avec un sourire moqueur :

– C'est aussi un cadeau pour moi et pour tous ceux qui ont la chance de te voir la porter.

Joue-la décontracté, me suis-je encouragé. Comme si j'avais toujours été un garçon décontracté.

– Au fait, je m'appelle Zach.

– Et moi, Hannah.

Elle a regardé derrière son épaule avant de lancer nerveusement :

– Il faut que j'y aille.

Et elle a disparu. Et, à sa place, est apparu un bonhomme d'une cinquantaine d'années, avec des lunettes à verres épais et un costume noir étriqué. On aurait dit une espèce de professeur…

– Salut, on vient d'emménager, ai-je lancé, en supposant que c'était le genre de propos que l'on tient à un nouveau voisin.

Le type s'est contenté de me fixer sans la moindre expression, à croire que son visage était en cire.

– On n'est que deux, ma mère et moi, ai-je ajouté.

Puis j'ai montré ma casquette, au cas où ça lui aurait dit quelque chose.

– On me l'a offerte.

Peut-être était-il sourd-muet ? Ou alors j'étais dans un de ces films d'horreur où le type d'à côté est un tueur en série ?

Professeur Bizarre a tendu le doigt.

– Tu la vois, cette clôture ? Cette clôture entre nous, est-ce que tu la vois ?

– Euh… oui.

Il aurait été difficile de ne pas la voir : en fer, haute et noire, elle délimitait l'espace entre nos deux maisons.

– Surtout, tu restes chez toi. Ne t'approche pas de ma fille, ne t'approche pas de moi. Ça évitera les problèmes.

Il a refermé bruyamment la fenêtre et a baissé le store. Il m'a semblé entendre une clé qui tournait dans une serrure.

Une grosse serrure.

Et on prétend que les New-Yorkais ne sont pas aimables !

3

J'ai rassemblé les cartons de mon mieux. Quand je suis rentré, maman et tante Lorraine étaient en train de vider les premiers. On allait donc vraiment s'installer ici.

– J'ai rencontré notre voisin, ai-je dit. Un gros ours en peluche !

– Ah, M. Shivers ? s'est exclamée Lorraine. Il est arrivé en ville il y a quelques années. Il est très mystérieux, très sexy. J'adore son odeur. Des effluves… mentholés et corporels. Ça déménage.

J'ai haussé les épaules :

– Ouais. Pas mon genre.

Tante Lorraine est sympa, mais, quand elle commence à parler d'effluves *mentholés et corporels*, elle me donne envie de vomir.

Maman a arraché le ruban adhésif d'une autre boîte. Elle en a sorti un objet posé sur le dessus.

– Oh ! a-t-elle lâché. Je me souviens de ce jour...

Et on s'est tus tous les trois.

Elle contemplait une photo dans un cadre : mon père et moi en tenue de base-ball.

– Ça va, mon cœur ? m'a demandé maman, de sa voix un peu tremblante qui signifie : *Je peux le supporter si tu le supportes aussi.*

– Ça va.

Je me suis éclairci la gorge en affichant une mine impassible. Je pouvais le supporter pour elle, pour qu'elle ne s'inquiète pas à mon sujet. C'est ce que papa aurait voulu.

– Je vais attaquer la déco de ma chambre. C'est sur ma liste de priorités, ai-je dit avec un petit rire.

Je suis sorti de la pièce avant que ma mère ou ma tante aient eu le temps de prononcer une phrase qui m'aurait fait pleurer. Je déteste ça.

J'ai assez pleuré, ces derniers temps.

Voilà notre histoire, à maman et moi. On s'arrange de notre mieux tous les deux. Mais on sait que ça ne devrait pas être comme ça. Qu'on devrait s'arranger *tous les trois.* Moi, ma mère et mon père.

Quand je me suis retrouvé seul dans ma chambre, la porte fermée, j'ai lancé une vidéo sur mon portable. On y voit papa en train de me donner une leçon de lancer. On était tellement proches, tous les deux...

Ma mère a ouvert la porte, et j'ai vite éteint la vidéo. Elle n'avait pas besoin de savoir que je la regardais tout le temps. Ça l'aurait inquiétée, et, ces jours-ci, elle a assez de raisons de s'inquiéter.

– Ça va, mon cœur ?

– Oui, ça va. J'ai retrouvé de vieilles photos, ai-je menti le plus gaiement que j'ai pu. Bébé, j'étais vraiment un mini-Gollum.

Elle s'y est laissé prendre. Je l'ai compris en voyant son sourire forcé se muer en vrai sourire.

C'est à cet instant que j'ai décidé de tout faire pour que ce déménagement au pays de Nulle Part se passe bien. Maintenant que papa n'était plus là, c'était à moi d'accepter certains sacrifices.

4

Se sacrifier est une chose. Entrer au milieu de l'année scolaire dans un nouvel établissement où votre mère est proviseure adjointe en est une autre.

C'est pire que de se jeter dans le cratère d'un volcan en éruption.

Ma mère nous a conduits jusqu'au lycée le lendemain matin.

Elle s'est garée sur sa place de parking personnelle et m'a lancé, sur le ton d'une personne surcaféinée :

– Allez ! Va te faire de nouveaux potes !

Ma mère est « du matin ». C'est épuisant.

J'ai verrouillé les portières avant qu'elle sorte.

– Qu'est-ce que tu comptes faire, maman ?

– Mais aller bosser ! Un coup de pédagogie, un coup de paperasse.

Réponse typique de ma mère !

Il était grand temps d'établir certaines règles.

– Cool ! Maman, je suis le nouveau, ce qui va de pair avec toutes sortes de difficultés. M'afficher avec la proviseure adjointe, ce n'est pas malin. S'il te plaît, laisse-moi soixante secondes d'avance. Qu'au moins j'aie une petite chance.

– Entendu, a-t-elle consenti.

J'ai dévérouillé les portières.

Puis, plus grave, elle a ajouté :

– Mais promets-moi que tu vas essayer.

J'ai soupiré :

– Tu sais que je ne peux rien te promettre.

Cette fois, c'est elle qui a reverrouillé les portières.

– Je te le promets ! ai-je dit, vaincu. T'es contente ? Et bloquer la portière... Sérieux... Tu vaux mieux que ça.

Je lui ai lancé un clin d'œil, j'ai sauté de la voiture et j'ai couru vers les bâtiments. J'avais soixante secondes pour mettre autant de distance possible entre la proviseure adjointe et moi, et je n'avais pas l'intention d'en perdre une seule.

Le lycée ressemblait à n'importe quel lycée, du moins à ceux que je connaissais, sauf que le campus était un peu plus grand. Mais les élèves avaient la même allure que partout : il y avait les artistes, les bon chic bon genre, les ringards, les sportifs...

La journée s'est terminée dans le gymnase par une présentation de la nouvelle proviseure adjointe. J'attendais le début de l'assemblée quand un garçon maigre s'est laissé tomber dans le siège à côté du mien.

– Alors, c'est toi le nouveau ?

– Heu, oui.

À cet instant, une fille a lancé :

– Salut, Crampe !

– Elle vient de t'appeler « Crampe » ?

– C'est ce qu'elle a dit, oui. Mais mon vrai nom, c'est Champ.

Sur la scène, le proviseur s'est approché du micro et a tenté de se faire entendre au milieu des sifflets d'accueil :

– Bonjour ! J'ai l'immense plaisir de vous présenter notre nouvelle proviseure adjointe, Mme Cooper. Et j'espère que vous lui témoignerez le même respect qu'à moi.

À en juger par les bruits de pets qui sont montés des rangs du fond, ce respect était tout relatif.

– Qui a fait ça ? a hurlé le proviseur Garrison en scrutant l'assistance. Qui a fait ça ?

Aucune main ne s'est levée.

Ma mère a pris à son tour le micro. L'entraîneur de foot a applaudi avec enthousiasme. Il était le seul.

Silence de mort.

– Bonjour à tous, a-t-elle lancé, pas impressionnée le moins du monde.

J'étais fier d'elle, mais j'aurais voulu qu'elle se tienne sur la scène de n'importe quel lycée, sauf celui-ci.

– Je sais que je m'exprime au nom de toute l'équipe, a-t-elle poursuivi, quand je dis que nous avons hâte d'être à vendredi soir, au bal d'automne. On est si impatients qu'on se trémousse à l'avance.

Sérieusement, *n'importe* quel autre lycée.

Champ s'est penché vers moi.

– Au secours ! Je crois qu'elle est pire que celle d'avant, a-t-il chuchoté.

Je lui ai jeté un regard noir.

– C'est ma mère.

– En fait, celle d'avant était fantastique, s'est-il empressé d'ajouter.

– Je... heu... je plaisante, a conclu ma mère. Je ne connais rien à vos danses « sexy », comme le twerky.

– Alors, tu prévois d'y aller avec quelqu'un ? m'a demandé Champ.

– Non.

Comme si j'étais le genre de personne à aimer danser.

Il n'avait pas dû le remarquer, car il a lancé :

– Hé, on pourrait y aller tous les deux.

– Tous les deux ?

– Oh, pas « tous les deux-tous les deux », a-t-il précisé rapidement. Quoique ça pourrait le faire, on mettrait une ambiance de folie. Et après on se sépare pour gérer les filles. Ouais, ça pourrait marcher !

Il m'a tendu une carte.

– Tiens ! T'as qu'à m'envoyer un texto ou un tweet. Y a toutes mes infos.

Il m'a désigné une ligne en petits caractères :

– Là, tu as mon adresse ; là, c'est mon numéro de casier. En gros, tu sais où me trouver.

– Euh, merci.

Et c'est comme ça que je me suis fait officiellement mon premier copain au lycée de Madison.

Bon début, Zach.

5

Même dans les séries télé, quelqu'un doit sortir les ordures. Et, ici comme à New York, ce quelqu'un, c'était moi. J'ai traîné les sacs à l'arrière de la maison pour les jeter dans la poubelle. Je n'étais pas habitué à une telle obscurité, à cette heure de la nuit. Ni à un pareil silence. On n'entendait que le chant des grillons et le bruissement de l'herbe.

Rien de plus facile que d'imaginer une créature cachée dans les ténèbres. Qui vous guette. Qui attend.

J'ai soufflé :

– Hé, ho ! Il y a quelqu'un ?

Je sais, c'est idiot, mais j'avais l'impression qu'on me surveillait.

– Il y a quelqu'un ? ai-je répété dans la nuit en espérant que ma voix ne tremblait pas.

Derrière moi, une branche a craqué. J'ai pivoté avant de m'accroupir derrière la poubelle et j'ai risqué un œil. Une silhouette sombre m'observait.

C'était Hannah, la fille d'à côté, debout derrière la clôture de son jardin.

– Je t'ai fait peur ? a-t-elle demandé, moqueuse.

– *Pfffff*. Non.

– T'es sûr ? Tu as fait un bond de trois mètres. Donc…

– Pour info, bondir, c'est mon truc. C'est le secret de ma forme olympique.

Mieux valait changer de sujet avant qu'elle n'examine mes muscles de plus près. (Ou plutôt mon absence de muscles.)

– Je ne t'ai pas vue, au lycée, aujourd'hui.

Elle m'a adressé un sourire.

– Alors, tu m'as cherchée ?

– Non, non ! Je l'ai juste remarqué.

– On me donne des cours à domicile.

– Qui ? Ton père ?

Je ne savais plus quoi dire. Enfermée tous les jours, toute la journée, en compagnie de professeur Bizarre ?

– Il a l'air… sympa. Et légèrement sous tension.

Je tentais de me montrer poli, mais elle avait parfaitement compris.

– Ne le prends pas pour toi. Mon père n'aime personne.

– Je ne m'en étais pas aperçu, ai-je plaisanté. Il m'a semblé que le courant passait bien entre nous. Aussi…

Je me triturais la cervelle pour trouver un truc fascinant à dire pour la retenir encore un moment.

– Dans le coin, il y a des choses marrantes à faire ? À part effrayer ses voisins ?

Ça n'avait rien de fascinant, mais ça a marché.

– Oui, il y a un endroit que j'adore.

– Ah ouais ?

Elle a désigné la rue d'un mouvement de menton :

– Viens, suis-moi !

6

Bien qu'Hannah ait refusé de me dire où elle m'emmenait, je l'ai accompagnée. Au tournant de la rue, nous avons pénétré dans une impasse à peine éclairée qui se perdait dans un bosquet.

– Tu m'emmènes quelque part pour me tuer ? ai-je lancé. Simple curiosité...

À vrai dire, je ne plaisantais qu'à moitié.

– Je marche à l'instinct.

Elle s'est glissée derrière un arbre et a disparu dans l'obscurité, me laissant seul avec la nuit.

– Bien, Zach, ai-je marmonné. Suis donc l'inconnue au fond des bois !

Et je l'ai suivie à travers les arbres, je l'ai suivie quand elle a rampé sous une clôture rouillée. Quand j'ai découvert ce qu'il y avait de l'autre côté, j'ai lâché une exclamation.

Un parc d'attractions !

Hannah a abaissé une manette cachée dans la poussière, et l'endroit s'est illuminé comme… Eh bien, comme un parc d'attractions. Même si la plupart des ampoules étaient grillées, la lumière stroboscopique de celles qui restaient éclairait bien assez. Les machines étaient bancales et rouillées, mais ce parc avait dû être un lieu fantastique.

— La construction a débuté il y a des années ; ils ont fait faillite, m'a expliqué Hannah. Ils ont tout laissé. Je vais te montrer ce que je préfère.

Un énorme parc d'attractions qui n'avait jamais ouvert ? Tous ces manèges qui attendaient de tourner ! Tous ces Palais du Rire où résonnaient les cris d'enfants invisibles !

Un frisson glacé m'a couru le long du dos.

Hannah a sauté par-dessus un tourniquet rouillé, puis elle s'est dirigée vers une Grande Roue à laquelle manquait la moitié de ses nacelles et a commencé d'y grimper.

— Attends, attends, tu… tu fais quoi ?

— De quoi tu as peur ? m'a-t-elle lancé d'en haut. Je le fais tout le temps.

— Je… je n'ai pas peur, ai-je affirmé. C'est juste que… je n'ai pas eu mon rappel de vaccin.

— Allez, grimpe !

La Grande Roue était hérissée de bouts de métal et de boulons rouillés. Rien qu'à la regarder, on était sûr d'attraper le tétanos.

Hannah était presque au sommet.

– Oh, après tout, ai-je grommelé, je ne risque qu'une petite gangrène !

Et je l'ai suivie.

Si l'ascension ne présentait pas de difficultés, elle prenait du temps. Quand j'ai atteint le point culminant, j'avais les bras en compote. Mais ça valait le coup d'œil. Toute la ville s'étendait à nos pieds, tel un décor de maison de poupées illuminé. De là-haut, elle avait même l'air civilisé.

– C'est cool, hein ?

– Carrément cool ! ai-je soufflé. On a une vue imprenable.

Je comprenais pourquoi Hannah aimait cet endroit. À cette hauteur, comme en plein ciel, le silence ne me paraissait plus aussi inquiétant. Et, je devais le reconnaître, être au milieu de nulle part avait un avantage : on voyait les étoiles.

J'avais oublié ce que c'était que de les regarder scintiller. J'aurais voulu rester là pour toujours.

– Alors, pourquoi tu es venu à Madison ? m'a demandé Hannah, coupant court à ma rêverie.

– Eh bien, un jour, ma mère m'a dit : « Zach, si tu pouvais vivre n'importe où, ce serait où ? » Et je lui ai répondu : « *S'il te plaît*, allons vivre à Madison, dans le Delaware ! Ça a toujours été mon rêve. »

Elle n'a même pas souri.

– Tu es toujours aussi sarcastique ?

– Toujours ?

J'ai pris le temps de réfléchir avant de répondre.

– Non, le mot est un peu fort. Pas toujours. Souvent.

Je ne sais pas si c'était cet endroit, l'atmosphère de la nuit ou la présence de cette fille, mais il me semblait naturel de dire la vérité. Plus que naturel : nécessaire.

– Excuse-moi, c'est juste que… En fait, ma mère et moi, on est seuls depuis que mon père est mort, l'année dernière. Alors…

– Je suis désolée, a-t-elle dit.

Et j'ai eu le sentiment qu'elle comprenait tout, ce que je disais et ce que je ne disais pas : qu'il était plus facile d'être sarcastique, parce que ça ne vous obligeait pas à parler de choses douloureuses ; qu'il était préférable de ne rien ressentir quand ce que vous ressentiez était si lourd et si triste.

– C'est bon. Je n'y pense plus tellement.

C'était un mensonge, et j'étais sûr qu'elle n'était pas dupe. On faisait simplement semblant d'y croire tous les deux.

– Parle-moi de toi.

– Moi, je n'ai jamais connu ma mère. Et, avec mon père, on passe notre temps à déménager de ville en ville.

– Ça, c'est vraiment galère.

On est restés assis un moment sans rien dire, mais c'était le genre de silence où vous vous sentez sur la même longueur d'onde. C'était reposant de ne pas avoir à fournir d'explication ou à prétendre que tout va bien alors que rien ne va. Bien sûr, ça ne pouvait pas durer éternellement.

J'ai fini par demander :

– Hannah, est-ce que je peux te poser une question ?

Elle a opiné de la tête.

– On descend comment ?

Elle a ri et m'a montré la meilleure façon de dévaler les barreaux telle une acrobate. Je ne sais pas par quel miracle on est arrivés en bas entiers. Et, quand mes pieds ont enfin touché la terre ferme, j'ai dû résister à la tentation de tomber à genoux pour baiser le sol.

J'aurais été incapable de retrouver mon chemin dans le noir, mais Hannah savait où elle allait.

– Merci pour cette soirée, lui ai-je déclaré, devant la barrière qui séparait nos maisons. C'était la moins horrible depuis que je suis ici.

– Oh, Zach, c'est trop gentil.

On s'est souhaité une bonne nuit, et on s'est apprêtés à rentrer. J'ignorais s'il se présenterait une autre occasion de lui parler. Elle aurait été n'importe quelle autre fille, j'aurais fait l'effort de lui proposer un rendez-vous. Mais Hannah n'était pas du genre on-prend-un-pot-et-on-va-au-ciné. Ce qui était une bonne chose, parce que moi non plus.

– Hannah, attends, ai-je dit très vite. Pour info, je vais certainement sortir la poubelle les mardis et jeudis. Alors, si l'envie te prend d'effrayer quelqu'un, je suis partant.

– Je m'en souviendrai, poule mouillée.

Elle a souri.

J'ai souri.

J'ai cru que nous allions avoir un Moment Unique quand une main sortie de l'ombre l'a saisie par l'épaule.

Elle a sursauté, et j'ai failli hurler.

Puis le visage de son père est apparu.

– Hannah ! Qu'est-ce que tu fais dehors ? a-t-il demandé sèchement.

– Je suis désolée.

En une fraction de seconde, elle était devenue une tout autre personne, soumise et terrifiée.

M. Shivers tremblait de rage.

– Rentre… à… la… maison. *Tout de suite !*

La tête basse, elle est passée sous la barrière. Je n'avais jamais vu personne avec une mine aussi défaite. *Quel genre de père êtes-vous, pour traiter votre fille de cette façon ?* C'est ce que j'aurais voulu dire – en vérité, il y avait bien des choses que j'aurais voulu dire. Mais Shivers a posé sur moi son regard furibond, et les mots sont restés coincés au fond de ma gorge.

– Je t'avertis une dernière fois.

Il ne criait pas, ce qui le rendait encore plus effrayant. Ce type était une bombe nucléaire au bord de l'explosion.

– Reste loin de nous, ou je te promets qu'il se produira un malheur.

– Je vous crois, ai-je murmuré.

Et c'était vrai. Ce type me flanquait les jetons.

Ce type était dangereux.

J'avais peur de lui tourner le dos... et encore plus peur, si je restais planté là, qu'il me réduise en cendres de ses yeux de braise.

J'ai donc regagné la maison en courant et n'ai pas ralenti avant d'avoir grimpé les escaliers et pénétré dans ma chambre. J'ai claqué la porte derrière moi. Sauvé.

Provisoirement.

7

Le soir suivant, le vent secouait mes vitres. Je tentais de l'ignorer. Ce n'était pas le moment de me laisser troubler par des bruits-venus-de-nulle-part : j'avais un devoir de maths à faire.

– Que vaut x ? marmonnais-je en soulignant de mon crayon le libellé de l'équation. Euh... C'est quoi, x ?

J'ai alors entendu un son impossible à ignorer.

Un cri.

Un cri à vous glacer le sang, un cri de film d'horreur, un cri du genre « quelqu'un-me-poursuit-avec-un-grand-couteau ».

On aurait dit la voix d'Hannah.

J'ai couru à la fenêtre. Dans la maison voisine, des ombres s'agitaient derrière les rideaux tirés. Les silhouettes étaient imprécises, mais c'était certainement Hannah et son père.

D'autres bruits ont retenti : bris de verre, craquements de bois. Puis…

Plus rien.

La maison des Shivers est retombée dans le silence et l'obscurité.

J'ai dévalé les escaliers.

– Hannah !

Je suis sorti de la maison en coup de vent, j'ai escaladé la barrière. Et j'ai tambouriné contre la porte des voisins jusqu'à ce qu'elle s'ouvre.

M. Shivers se tenait sur le seuil, l'œil furieux.

– Quoi ?

J'étais essoufflé.

J'étais terrifié.

– J'ai entendu un cri. Hannah va bien ?

– Tu n'as rien entendu parce qu'il n'y a pas eu de cri, a-t-il répondu d'un ton neutre. Maintenant, déguerpis, ou la dernière chose que tu vas entendre sera ton propre cri.

Et il m'a claqué la porte au nez.

Ce type était incroyable. Incroyablement glaçant.

Je devais faire quelque chose pour Hannah. Quelque chose pour l'aider. Je suis rentré chez moi et suis allé directement dans la cuisine.

Ma mère a levé les yeux de son ordinateur comme si tout était normal. Elle a ôté ses écouteurs.

– Du quinoa pour le dîner, ça te dit, mon cœur ?

– Maman ! Hannah a un problème.

Je n'avais pas le temps d'en dire plus. J'ai attrapé le portable sur la table et j'ai composé le numéro d'urgence.

Maman a eu un sourire entendu :

– Oh oh ! C'est qui, Hannah ?

L'opérateur a mis un siècle à me répondre.

Maman m'a pris par les épaules.

– Zach, qu'est-ce qui se passe ?

J'ai expliqué la situation à la police, avant de tout répéter à ma mère. On a attendu, assis là, le bruit des sirènes. Finalement, une voiture a descendu la rue avec des sons stridents et a tourné dans l'allée des Shivers. Je me suis précipité, maman sur mes talons. Je savais qu'elle voudrait que je reste sagement sur le trottoir.

Non. Pas question.

Deux policiers, un homme et une femme, ont marché jusqu'à la porte. Cette fois, elle s'est ouverte au premier coup.

– Monsieur, je vous arrête, a dit la femme.

Son collègue lui a posé une main sur le bras.

– Hé là ! J'aime ton enthousiasme. J'adore. Ne change rien. Mais on n'en est pas encore là !

Il s'est adressé à Shivers :

– Bonsoir, monsieur. Je suis l'agent Stevens, et voici l'agent Brooks, en formation.

– Veuillez m'excuser, a dit Brooks.

Je n'en revenais pas ! Ils étaient si polis, si lents ! J'étais au bord de l'explosion. Quand allaient-ils se décider à entrer et à secourir Hannah ?

– On a reçu un appel pour une éventuelle violence domestique à votre domicile, a dit Stevens.

J'aurais voulu en prendre un pour taper sur l'autre. Et surtout les pousser hors de mon chemin et entrer pour secourir Hannah moi-même. Mais c'était des flics, Shivers était un adulte, et pour eux je n'étais qu'un gamin.

J'ai donc patienté, sans ouvrir la bouche.

Certains jours, être jeune, ça craint.

– *Hmmmmmm*, a lâché Shivers, en jouant l'amabilité avec les policiers.

Il a fait mine de réfléchir un moment.

– C'est très étrange, parce que je passe la soirée en solitaire et je n'ai absolument rien entendu.

Après ça, je ne pouvais plus garder le silence :

– Non, c'est des histoires ! Où est Hannah ? Je sais que c'est elle qui criait. Vous mentez.

Shivers a souri aux policiers – ou du moins a tenté de sourire, ce qui le rendait plus effrayant que jamais.

– Ah, je vois. Oui, Hannah est ma fille, a-t-il expliqué. Elle a habité avec moi, le temps que sa mère règle certaines choses avec son nouveau mari. Elle est retournée à Londres hier matin.

Il mentait. Hannah m'avait dit qu'elle n'avait *jamais* connu sa mère. La question était donc : pourquoi mentait-il ?

Et qu'avait-il fait de sa fille ?

8

Derrière Shivers, un cri de femme a retenti.

Il n'en a pas fallu davantage à Brooks et à Stevens pour se précipiter à l'intérieur. Enfin !

Maman et moi les avons suivis – cherchant l'origine de ce cri – jusqu'à un large écran de télé sur lequel une femme hurlait, poursuivie par un ridicule monstre ringard.

Shivers a coupé le son avec la télécommande.

– Son ambiophonique, a-t-il commenté. J'ignorais qu'être audiophile était un crime.

– Un quoi, euh… un quoi-ophile ? a balbutié l'agent Brooks.

Son collègue a levé les yeux au ciel.

– Ça signifie juste que c'est un amateur de matériel audio haute-fidélité.

Ma mère s'est approchée de Shivers, la main tendue. Je n'en croyais pas mes yeux. Ma propre *mère*, donnant une poignée de main à ce type, alors qu'il venait de commettre un acte terrible avant de le nier avec aplomb !

– Bonsoir, je suis vraiment désolée, a-t-elle dit. Nous n'avons pas été dûment présentés. Je suis Gale Cooper, votre nouvelle voisine. Vous avez une maison magnifique.

– Tout le plaisir est pour moi, a dit Shivers, l'air presque sincère. Merci beaucoup de me rendre visite avec votre adorable fils. Et la police.

– Sincèrement désolée.

Sa façon de s'excuser m'a exaspéré. On aurait dit que les choses étaient allées de travers à cause de moi.

Quelque chose n'allait pas en effet, mais c'était à cause de Shivers. Les autres ne le voyaient donc pas ? Sa respiration était trop rapide, et il dansait d'un pied sur l'autre comme s'il avait hâte de se débarrasser de nous. Comme s'il avait quelque chose à cacher.

J'ai crié :

– Hannah !

Shivers a jeté un coup d'œil vers les escaliers. Rapide et furtif, mais je l'ai remarqué.

– Hannah !

Je me suis élancé – du moins j'ai essayé. Les policiers m'ont retenu par les bras.

– Oh, où tu vas ? a dit Stevens.

– Faut que je le tase ? a demandé Brooks, pleine d'espoir.

– J'adore ta fougue, l'a félicitée Stevens, mais on va s'abstenir.

J'ai donc échappé au taser, mais on m'a mis dehors sans ménagement.

– Tu sais quelle peine on encourt pour un faux témoignage à la police ? m'a demandé Stevens.

– Trois ans ferme, a déclaré Brooks.

– Pas loin. En fait, on reçoit d'abord un avertissement écrit.

Je les ai ignorés.

– Maman ! Ne me dis pas que tu as gobé le coup du son ambiophonique ? T'es *sérieuse* ?

– Zach, ça suffit !

Elle avait pris sa voix de femme d'affaires.

– File à la maison.

Elle était la mère et j'étais le fils. Qu'est-ce que je pouvais faire ? On est rentrés à la maison.

J'ai arpenté la cuisine pareil à un lion en cage.

– Maman, Hannah est en danger. Je le *sens*.

Elle a secoué la tête.

– Je sais ce que tu es en train de faire, Zach. Je ne suis pas idiote. On ne partira pas d'ici parce que tu as peur de notre voisin. Tu comprends ça, non ? C'est ta maison, désormais, et tu dois l'accepter.

Elle avait tout faux. Même si elle avait un petit peu raison. Et soudain ce petit peu a enflé jusqu'à devenir une énorme rage que je ne pouvais plus garder en moi.

– Non, ce n'est pas *ma* maison, ai-je aboyé.

– Zach…

– J'ai essayé, maman. Mais je ne veux pas être ici.
Tu ne m'as même pas *demandé* si j'étais d'accord pour
déménager.

– Zach, nous devions quitter New York.

– Non ! ai-je hurlé. *Tu* devais.

La vérité nous est tombée dessus tel un énorme rocher,
nous écrasant tous les deux. Ma mère ne disait plus rien,
et je n'avais plus rien à dire.

Je suis monté m'enfermer dans ma chambre. Quelques
minutes plus tard, j'ai entendu la porte d'entrée claquer.

Elle était partie.

9

Tante Lorraine est venue me servir de baby-sitter le temps que ma mère aille surveiller le bal d'automne. Comme si j'avais besoin d'une baby-sitter. J'ai tout de même *seize* ans !

Mais je n'ai rien pu faire, de même que je ne pouvais rien faire pour Hannah, coincée dans sa maison avec un fou ; ni pour moi, coincé dans cette ville, à des centaines de kilomètres de ma vraie vie.

Néanmoins, tante Lorraine n'était pas responsable, et j'ai essayé d'être aimable. Je suis donc resté assis près d'elle, éblouissante dans son jean orné de sequins, tandis qu'elle m'entretenait de l'amour de sa vie. Comme si ça pouvait me concerner !

Même faire semblant de l'écouter m'était difficile.

– ... donc, on est allés au jap' mercredi et on a tous les deux commandé des brochettes de poulet teriyaki, ce qui est plutôt un bon signe. Mais depuis je n'ai plus eu de nouvelles de lui. Et tu veux que je te dise...

Elle continuait et continuait, et je n'arrêtais pas de songer à Hannah. Je pensais tellement à elle, d'ailleurs, que, lorsque j'ai vu passer son ombre devant la fenêtre du premier étage, j'ai cru avoir rêvé.

J'ai battu des paupières.

Non, je n'avais pas rêvé ! C'était bien la silhouette de Shivers, derrière le rideau, et celle d'Hannah près de lui. Elle n'était pas partie à Londres, elle était bien là. Et elle était en danger.

Je le *savais*.

– Alors, tu crois qu'il fait la sourde oreille ? a demandé tante Lorraine. Ou, plus probablement, qu'il a perdu son téléphone dans un incendie ?

C'est à peine si j'avais entendu.

J'ai répété :

– Oui, je crois qu'il a perdu son téléphone. Ah, tu sais quoi ? J'ai complètement oublié. J'ai un contrôle ultra-important lundi et je dois réviser à fond. Je vais devoir bosser dessus toute la nuit.

Je me suis dirigé vers les escaliers, dans l'espoir d'atteindre ma chambre avant que ma tante ne me pose trop de questions.

– Alors, interdiction absolue d'entrer !

Elle s'y est laissé prendre.

– OK !

À peine arrivé en haut des escaliers, j'ai composé un numéro de téléphone. Puis je me suis armé de ma vieille lampe-torche. Et, aussi discrètement que j'ai pu, je me suis échappé par la fenêtre.

10

Je n'ai pas eu longtemps à attendre. Champ s'est pointé devant notre allée, dans une tenue qui avait dû appartenir à son arrière-grand-père.

– *Psst !* ai-je appelé aussi fort que j'ai pu depuis ma cachette près de la barrière des Shivers. Par ici !

Champ a changé de direction pour me rejoindre.

– Attends, Zach, tu vas au bal habillé comme ça ?

Il était visiblement décontenancé, ce qui était normal. Je n'avais pas été d'une grande honnêteté quand je lui avais téléphoné.

J'ai soufflé :

– Approche !

– Attention ! Il est tout neuf, mon costard. Fais gaffe !

Puis Champ m'a regardé comme si j'avais perdu la tête.

– Et les filles ? Elles sont où ?

57

– En fait… J'ai dit ça pour te faire venir, ai-je avoué. Il faut que tu m'aides.

Sa mine s'est allongée.

– Tu veux dire qu'il y a zéro fille ?

– Disons qu'il y en a une…

– Ah bon !

– … mais elle vit un enfer. Elle est enfermée, et son père est un psychopathe.

Champ a eu l'air de réfléchir avant de lâcher :

– Elle a une copine ?

– Non, je suis sérieux, là. Et, comme la police n'a pas voulu me croire, on va entrer dans sa maison et la sortir de là.

Même moi, je me rendais compte à quel point mon plan avait l'air dingue.

– Tu m'as *dit* qu'il y aurait une tonne de filles, a protesté Champ. Non seulement il n'y en a aucune, mais en plus on va devoir affronter un psychopathe. Et j'ai mis un trois-pièces…

– Ça te va très bien, lui ai-je assuré.

Un peu de flatterie n'a jamais fait de mal à personne.

– Merci. Mais qu'est-ce qui te fait croire que ce gars va partir ?

– J'ai téléphoné en me faisant passer pour la police et je lui ai demandé de venir au poste.

– Tu risques de prendre cher pour ça !

J'ai haussé les épaules.

– Juste une lettre d'avertissement.

58

À cet instant, la porte s'est ouverte et Shivers est sorti.

J'ai tiré Champ à côté de moi derrière les buissons.

– Hé, je vais être couvert de boue ! a-t-il protesté.

Accroupis dans la rosée, on a regardé Shivers monter en voiture avant de démarrer dans un crissement de pneus.

C'était maintenant ou jamais !

J'ai pris une grande inspiration.

– On y va !

En attendant l'arrivée de Champ, j'avais reconnu le terrain, comme on dit dans les films. J'en avais conclu qu'on ne pourrait pas s'introduire par la porte principale, épaisse, renforcée par des barres en acier et munie d'au moins quatre verrous. La meilleure option était la cave, sur le côté de la maison.

Deux énormes battants étaient encastrés dans le sol, fermés par un vieux cadenas rouillé.

Les cadenas, ça me connaît.

Je lui ai donné une petite secousse. Certaines personnes oublient de fermer leurs cadenas.

Pas Shivers.

– Bon, on aura essayé, a dit Champ, soulagé. Allons danser !

J'ai refusé d'un signe de tête. J'ai fouillé dans ma poche à la recherche d'un trombone. Après l'avoir cassé en deux, j'ai introduit les bouts dans la serrure.

Champ a ri :

– Si tu crois que ça va marcher !

Je n'ai rien répondu. C'était une question de coup de main. Si je trouvais la bonne position d'un des bouts tout en tournant avec l'autre, peut-être, peut-être…

Yes ! La serrure s'est ouverte.

– Waouh ! a soufflé Champ. Où tu as appris ça ? À New York ?

– Non, sur YouTube.

Ouvrir la porte de la cave, c'était la partie facile. Il fallait maintenant descendre à l'intérieur. Dans le noir, profondément sous terre. Qui sait ce qu'un type comme Shivers pouvait bien cacher dans sa cave ? J'ai décidé de laisser un peu de répit à Champ.

– Toi, tu surveilles la rue, ai-je suggéré.

– Quoi ? Tu veux que je reste seul ? Dehors, dans le *noir* ?

Sa voix s'est brisée sur le dernier mot.

– Exact. Tu vas monter la garde. Si Shivers revient, tu me préviens.

J'ai mis les mains autour de ma bouche pour produire ma meilleure imitation d'oiseau de nuit : *Hou-hou-hou* !

Champ a hoché la tête avec gravité.

Je dois reconnaître que je me sentais mieux avec un ami à mes côtés. Du moins, jusqu'à ce qu'il déclare :

– Mais que les choses soient claires : au moindre danger, je prends mes jambes à mon cou.

11

« Hannah a besoin de moi », me suis-je rappelé pour me donner du courage.

J'ai allumé la lampe-torche et suis descendu dans la cave, en tâchant de ne pas penser à ce qui pourrait m'attendre dans cette totale obscurité.

L'air sentait la poussière, et le rayon de la torche s'accrochait aux toiles d'araignée, dont je voyais parfois l'arachnide s'enfuir.

« Ce n'est pas très différent du métro, me rassurais-je. Être sous terre, ça n'a rien d'extraordinaire. Je n'ai pas à m'en faire... »

– *Hiiiiiii !*

J'ai hurlé : une chose noire venait de frôler ma tête avec un cri strident.

Le cœur battant, j'ai levé le faisceau lumineux vers la créature, et j'ai poussé un soupir de soulagement. Ce n'était qu'un oiseau, et même pas un vrai.

Un coucou en bois. Il était sorti d'une horloge et retournait dans son nid de rouages.

J'ai inspiré profondément, jusqu'à ce que mon cœur cesse de taper contre ma poitrine. Puis j'ai balayé la salle avec le rayon de ma torche.

– Oh !

Je me suis figé sur place, un pied en l'air. Le sol était couvert d'énormes pièges, aux mâchoires ouvertes garnies de dents plus larges que ma main. Ils n'étaient pas conçus pour attraper des souris ou des rats. C'était bel et bien des pièges à *ours*.

Quel genre de malade mental installe des pièges à ours dans sa cave ?

Dans quel pétrin m'étais-je fourré ?

J'envisageais sérieusement de faire demi-tour quand une main s'est posée sur mon épaule. Je me suis retourné en étouffant un cri.

C'était Champ, qui me souriait dans l'ombre.

– Ça va, mec ?

Pas question de lui montrer à quel point j'étais heureux de le voir !

– C'est toi ! À quoi tu joues ? Tu devais faire le guet.

– Et c'est le cas, je te signale. Je monte la garde à fond, là…

– Par définition, le guet se fait à l'extérieur, ai-je riposté. Pour surveiller.

Ce type de chamaillerie me donnait une bonne excuse pour parler avec rudesse.

Champ, lui, n'avait visiblement pas besoin d'excuse.

– Laisse-moi t'expliquer une chose, Zacharie ! On dit que les ados n'ont pas peur de mourir, ni de se faire mal. Eh bien, pas moi, d'accord ?

Il en avait presque l'air fier.

– Je suis venu au monde avec le gène de la peur, a-t-il repris. Je me souviens qu'à quatre ans, j'étais sur une balançoire et j'ai bien cru que c'était la fin.

Ça expliquait beaucoup de choses.

– Tu ne vas pas mourir, lui ai-je assuré. Pas aujourd'hui.

– C'est vrai, je deviens fou.

Il a alors remarqué les mâchoires de métal éparpillées sur le sol.

– Oh ! Des pièges à ours ! Dans un sous-sol ! Tu as vu ça ? Non, mais franchement !

À cet instant, un bruit a retenti au-dessus de nos têtes. Il y avait quelqu'un en haut.

– On bouge ! ai-je soufflé.

J'avais déjà grimpé la moitié de l'escalier vers le rez-de-chaussée quand je me suis aperçu que Champ filait dans la direction opposée.

– Je ressors, m'a-t-il lancé. Je retourne dehors, loin des pièges à ours.

Je n'ai pas essayé de le convaincre de me suivre. Après tout, cette affaire ne le concernait pas. Mais j'ai secrètement ressenti une légère forme de soulagement quand je l'ai vu changer d'avis. Même s'il a tiré quelques glapissements en se prenant dans les toiles d'araignée, il m'a rejoint en haut des marches.

La maison était sombre. Mais elle n'était pas vide. Au premier étage, le plancher a craqué.

– Là-haut ! ai-je chuchoté en désignant l'escalier à la rampe ornementée.

Puis, aussi fort que je l'osais (c'est-à-dire pas très fort, je dois le reconnaître), j'ai lancé :

– Hannah ?

Pas de réponse. On a donc commencé à grimper.

Des ombres tendaient vers nous leurs longs tentacules noirs. Les marches grinçaient sous nos pieds. Autrement dit, quiconque se tenait à l'étage était averti de notre arrivée.

L'obscurité était lourde. Oppressante. J'entendais derrière moi les dents de Champ s'entrechoquer et je sentais mes cheveux se hérisser sur ma nuque. On approchait.

Mais de quoi ?

Je me suis arrêté à l'entrée d'un long couloir étroit. À l'autre bout, il y avait une double porte. De la lumière filtrait entre les deux battants. Les craquements venaient de là.

J'ai jeté un coup d'œil à Champ par-dessus mon épaule. Son visage était une lune pâle dans l'ombre. Il a secoué la tête ; le message était clair : *Pas question que j'entre là-dedans.*

Je lui ai répondu d'une mimique signifiant : *Oh, que si tu vas y aller !*

La porte s'est ouverte d'une légère poussée sur une sorte de bureau, meublé de lourdes étagères en bois et d'une gigantesque table de travail.

J'ai fait glisser le faisceau de la torche le long des rayonnages.

– C'est bizarre. On dirait que le bruit vient de cette bibliothèque…

Une série d'étagères était remplie d'épais manuscrits reliés de cuir, fermés par une serrure en cuivre. Il y avait quelque chose, dans ces ouvrages, que je n'aimais pas. J'avais un mauvais pressentiment.

Peut-être parce que les serrures cliquetaient.

Toutes seules.

Champ n'a pas semblé s'en apercevoir. Il en avait déjà sorti quelques-uns de la rangée.

– Wouah ! s'est-il exclamé. Tu as vu ça ? *Les épouvantails de minuit*, *Le fantôme d'à côté*, *La nuit des pantins* !

Je ne l'avais jamais vu aussi excité.

Considérant les volumes avec respect, il a soufflé :

– Des manuscrits de la série Chair de poule !

– Quoi, ces livres de mômes ?

Champ m'a regardé comme si j'avais déclaré que la Terre était plate.

– Quoi ? Qu'est-ce que tu chantes ? Les livres pour enfants font dormir. Ceux-là t'empêchent de fermer l'œil.

Il a examiné la tranche pour déchiffrer le nom de l'auteur :

– R. L. Stine. Je me demande ce qu'il est devenu...

Je ne me sentais guère concerné par le sort d'un vieil auteur qui avait écrit des histoires pour enfants un million d'années plus tôt.

– Mystère. Il a disparu. Quelle importance ? Allez, viens !

Mais Champ n'était pas près de bouger.

– *L'abominable homme des neiges de Pasadena.*

Il a secoué la tête, pensif.

– Ma grand-mère vit à Pasadena. Et, depuis que j'ai lu ce livre, je ne vais plus la voir.

Je ne comprenais pas pourquoi il en faisait une telle histoire. Ce n'était que des *livres*. Rien de bien effrayant.

Il a essayé d'ouvrir l'ouvrage, mais il était verrouillé, comme tous les autres.

– Mais pourquoi ils sont verrouillés ? a-t-il demandé. Tu pourrais forcer la serrure ?

J'aurais pu, mais ce n'était pas nécessaire. Une clé dorée était posée sur l'étagère du fond. Je l'ai introduite dans la serrure ; elle entrait parfaitement. La clé a tourné, le loquet s'est libéré.

– Le mystère est résolu.

J'ai reposé le volume sur l'étagère, j'ai éteint la lampe et je me suis dirigé vers la porte.

– Maintenant, si on pouvait reprendre notre...

Une grande ombre s'est alors matérialisée derrière Champ.

– Attention ! ai-je hurlé.

12

J'ai écarté Champ à l'instant où l'ombre balançait une batte de base-ball. La batte a sifflé, manquant sa tête d'un cheveu.

Puis notre assaillant a parlé :

– Zach ?

Quelqu'un a allumé la lampe.

– Hannah ? Salut !

Elle n'a pas paru particulièrement enchantée de nous voir.

– Qu'est-ce que tu fais chez moi ?

– J'ai cru qu'on t'avait enchaînée dans ta chambre. Enfin, j'avais un doute...

– Pourquoi tu as cru ça ? a-t-elle dit tout en nous repoussant vers le hall.

Pourquoi ? Elle voulait rire ?

Champ, ignorant ce débat, lui a tendu la main.

– Au fait, a-t-il dit joyeusement. Moi, c'est Champ. On comptait aller au bal du bahut, ce soir. Ce serait cool que tu viennes. Et que tu invites une copine... Qui tu voudras.

Visiblement, Hannah ne l'écoutait pas. Son regard allait au-delà, vers l'ouvrage que j'avais déverrouillé.

Elle a dégluti péniblement.

– Tu as... ouvert un livre ?

– Oui, ai-je admis. Je ne l'ai peut-être pas remis à la bonne place... Tiens, le voilà, je...

– Non ! a crié Hannah. Ne l'ouvre pas !

Avant que j'aie eu le temps de lui demander où était le problème, une rafale de vent nous a renversés.

J'ai poussé un cri perçant, tandis qu'on était projetés contre le mur.

J'avais dû prendre un coup sur la tête, car soudain j'ai eu une hallucination. Il ne pouvait pas y avoir là, au milieu du bureau, un monstre hirsute à longs crocs pesant deux tonnes et mesurant quatre mètres de haut !

À votre avis ?

– Que personne ne fasse de bruit, a chuchoté Hannah en fixant la créature.

Autrement dit, elle la voyait. Autrement dit, ce n'était pas une hallucination.

Champ a ouvert la bouche pour crier, mais aucun son n'en est sorti.

Le rugissement de la créature a fait trembler le sol sous nos pieds. Les étagères ont vibré. Les manuscrits ont dégringolé sur le plancher.

On a reculé face au monstre, reculé, reculé. Jusqu'à ce qu'on ne puisse pas aller plus loin.

Derrière nous, il y avait une vaste baie vitrée. Et devant nous ? Un abominable homme des neiges, fonçant tel un train de marchandises dans notre direction.

– Écarte-toi ! ai-je hurlé en poussant Champ sur le côté, tandis que le monstre se jetait sur nous et traversait la vitre dans une explosion de verre brisé.

Le gigantesque homme des neiges a atterri pesamment sur la pelouse avant de disparaître dans la nuit. J'ai fixé le trou dans le mur, là où avant se tenait une fenêtre.

Hannah nous a lancé un regard furibond, comme si tout ça était de *notre* faute.

– Mon père va me tuer, a-t-elle grondé, l'air plus irritée qu'effrayée.

Puis elle m'a arraché le livre des mains et s'est précipitée hors de la pièce – sans doute pour courir après le monstre.

– Désolé pour son père, mais, euh, Zach ? a bafouillé Champ comme si les mots lui échappaient.

– Qu'est-ce que c'était que ce *TRUC* ? a-t-il fini par lâcher.

La réponse me paraissait évidente. C'était un abominable homme des neiges de quatre mètres de haut, sorti je ne sais comment d'un livre, pour aller se balader en ville. Il était sans doute parti chercher quelqu'un à dévorer. Et pour une raison inexplicable, au lieu de s'enfuir en hurlant comme n'importe quelle personne sensée, Hannah courait *après* lui.

Je n'avais plus qu'à la suivre. Qu'est-ce que je pouvais faire d'autre ?

13

Pour suivre Hannah, il suffisait de suivre le monstre, ce qui n'était pas difficile. Il avait tracé son chemin à travers le voisinage, déclenchant des alarmes de voiture, renversant des clôtures, aplatissant des poubelles. Des chiens hurlaient à la mort, leurs maîtres paniquaient. Et Hannah, au milieu de ce désastre, sautait gracieusement par-dessus les arbres abattus.

– Attends, Hannah ! Hannah ! Hannah ! Attends !

– Rentre chez toi, Zach ! m'a-t-elle lancé sans même ralentir. Ça te dépasse.

J'ai accéléré pour la rattraper.

Tout en courant à ses côtés, j'ai demandé :

– Tu peux m'expliquer ce qui se passe ?

– Désolée, je ne peux pas. Il faut que j'y aille.

Puis c'est elle qui a accéléré, ce qui ne m'aurait pas posé de problème, si Champ ne s'était pas jeté sur moi en m'entourant la taille de ses bras.

– Stop ! Arrête ! Arrête !

Le temps que je me libère, Hannah était loin.

– Écoute-moi bien, a dit Champ. Il s'agit de l'*abominable homme des neiges*. Il ne s'appelle pas comme ça par hasard. Et on l'a vu jaillir d'un livre. Tu trouves ça normal, peut-être ?

– Il faut que je rattrape Hannah, ai-je répliqué.

Et je suis reparti, guidé par le raffut des alarmes et des chiens.

– Oh, pitié ! Reviens ! J'ai lu ce qu'il a fait à Pasadena, a lancé Champ derrière moi. C'était une vraie boucherie.

Je dois lui rendre cette justice : bien qu'à moitié fou de terreur, il refusait de me laisser tomber. On a couru côte à côte dans les rues désertes de Madison. On aurait dit qu'une tornade avait creusé son chemin dans la ville. Une méchante tornade avec des crocs.

On a poursuivi le monstre jusqu'à la patinoire. *Bien sûr !* Où un homme des neiges pouvait-il se rendre, sinon dans l'endroit le plus froid de la ville ? Il avait arraché une grosse portion de clôture et défoncé la fenêtre la plus proche. Hannah était déjà là, en train de s'introduire par le trou.

Champ m'a retenu avant que j'aie pu la rejoindre.

– J'ai réfléchi, et – monstre à part – je crois vraiment qu'on devrait laisser faire Hannah.

Je me suis débarrassé de lui encore une fois – je commençais à prendre le coup de main – et me suis hissé à mon tour par la fenêtre.

– Mon père dit toujours : « Il faut laisser faire les femmes ! » m'a-t-il crié.

J'ai franchi le trou en tâchant d'éviter les éclats de verre.

La piste de la patinoire semblait déserte. Mais le monstre était passé par là. Des machines de jeux vidéo étaient renversées, des morceaux de gradins jonchaient la glace, du verre craquait sous mes pieds. Des coups de griffes marquaient les murs.

Pourtant, je ne voyais ni l'homme des neiges ni Hannah.

– Zach, il faut qu'on appelle la police, a dit Champ à voix basse, tandis qu'on s'aventurait sur la glace.

– Tu n'as pas vu les flics du coin !

Champ a soupiré :

– T'as raison.

J'ai continué à avancer, il me suivait toujours comme mon ombre.

– C'est l'une des cinq choses les plus stupides que j'aie jamais faites, a-t-il gémi.

Un bruit violent nous a fait sursauter tous les deux. Je suis tombé à genoux. Et balayant les alentours du regard, il m'a fallu quelques instants pour comprendre que c'était une explosion de cannettes d'où s'échappaient des jets de soda.

C'est alors que j'ai repéré Hannah. Elle tournait lentement sur elle-même, au beau milieu de la piste, en tenant le livre ouvert devant elle comme un bouclier.

Ou comme une arme.

Champ a grogné :

— Elle compte faire quoi ? Lui lire une histoire ?

On a progressé prudemment vers elle, en dérapant à chaque pas. Je respirais difficilement, et je ne sentais déjà plus mes doigts de pied. Il faisait *très froid*, ici, le parfait territoire pour un homme des neiges. Alors, où était-il ?

Une fois de plus, Hannah n'a pas paru ravie de nous voir. Je commençais à penser qu'elle n'était pas exactement du genre « victime-qu'il-faut-sauver ».

— Qu'est-ce qui se passe ? lui ai-je demandé. Comment cette chose a-t-elle pu sortir d'un livre ?

— *Chuuuuuut !* a-t-elle soufflé. Il est là.

La bonne blague !

— Il nous faudrait un flingue, a suggéré Champ.

— Tu rigoles ? Il nous faudrait un char !

— Une minute, a proposé Champ, tout excité. Il est fait de neige.

Tous les deux en même temps, on s'est exclamés :

— Un lance-flamme ?

— Un paquet de sel ?

— *Silence !* a repris Hannah. Rien ne peut le tuer.

Voilà qui n'était guère encourageant. Dans le silence inquiet qui a suivi, quelque chose a rebondi sur la glace avec un petit *ping*. Je me suis baissé en tâchant de ne pas me casser la figure et je l'ai ramassé.

— Un bonbon ?

Un autre est tombé. Un autre encore. Soudain, ce fut une pluie de bonbons.

J'ai levé la tête.

– Faites gaffe !

Un distributeur de confiserie tourbillonnait dans les airs et filait droit sur nous !

14

– Attentioooooooon !

On a plongé dans trois directions différentes en dérapant sur la piste. L'énorme machine s'est écrasée sur la glace et l'a défoncée.

L'homme des neiges a suivi, et atterri avec un grand *crash* ! sur l'appareil. Puis il s'est mis à fouiller dans le tas de friandises comme s'il cherchait un trésor.

La créature m'hypnotisait. Elle était si grande, si… puissante, si… *neigeuse*.

– Venez, ai-je dit en m'arrachant à ma contemplation. Il est occupé. Profitons-en !

Hannah ne bougeait pas.

Je l'ai prise par un bras, Champ par l'autre.

– Vous ne comprenez pas, a-t-elle protesté tandis qu'on l'entraînait à l'écart. Le seul moyen de l'arrêter, c'est de l'obliger à rentrer dans le livre.

– J'ai un plan, a suggéré Champ tout en s'éloignant du monstre le plus vite possible. Tu laisses le livre ouvert. On fiche le camp. Il se remet dedans tout seul, et le tour est joué.

– Non, a crié Hannah en se libérant. Je ne suis pas assez près de lui.

Elle a déverrouillé l'ouvrage, et la serrure a cliqueté. L'homme des neiges a levé la tête. En voyant le livre, il a poussé un grognement.

Puis il a marché vers nous.

Hannah n'a pas reculé. Le livre levé devant elle, elle a affronté la créature du regard.

– Mais qu'est-ce qu'elle attend ? a glapi Champ. Ouvre vite ce livre !

– Pas encore, a répondu Hannah d'une voix calme.

L'homme des neiges approchait à pas lourds.

– Hannah, ai-je haleté. Ouvre le livre !

– Pas encore, a-t-elle répété. On y est presque… presque… *Maintenant !*

Elle a ouvert le livre. Le vent s'est levé, formant un tourbillon qui aspirait tout dans les pages.

Oui. Oui. Ça marchait. Ça attirait la créature plus près… plus près…

Puis le monstre a levé son bras poilu, de la taille d'une poutre. Il a arraché le livre des mains d'Hannah et l'a envoyé voltiger à travers la piste.

Hannah s'est lancée à la poursuite du livre, le monstre, à la poursuite de la fille. Il a abattu son énorme poing

78

sur la glace. La piste a tremblé si fort qu'Hannah a perdu l'équilibre.

Rien ni personne ne pouvait plus empêcher l'homme des neiges de s'emparer du livre. Sauf moi.

Ayant repéré une pile de crosses de hockey, j'en ai attrapé une. Puis j'ai glissé vers le livre. *PAF !* Je l'ai envoyé valser aussi loin que j'ai pu. L'homme des neiges a sauté pour le rattraper, et s'est empêtré dans un filet de but.

Le temps qu'il s'en libère, j'avais tiré Hannah hors de la glace, et on a couru tous les deux pour rattraper l'ouvrage.

– Hep, les copains ! a crié Champ.

Il était au volant d'une surfaceuse[1], dont le moteur tournait.

– Bonne idée ! ai-je approuvé. Mets le turbo !

Et l'engin a avancé sur la glace… à la vitesse d'une tortue.

– Mauvaise idée, ai-je corrigé, tandis que l'abominable homme des neiges, s'arrachant au filet, bondissait vers la Zamboni. Descends de ce truc, Champ !

Il a abandonné l'engin une seconde avant que le poing poilu du monstre ne l'aplatisse. Il a roulé sur la glace et s'est réfugié dans la prison[2], sur le côté. Avec un

---

1. Véhicule qui refait et lisse la surface d'une patinoire, couramment appelée Zamboni aux États-Unis, du nom de son inventeur américain.

2. Lieu où le joueur de hockey prend place afin de purger une pénalité pour ne pas avoir respecté le règlement. On l'appelle aussi « banc de pénalité ».

rugissement, l'homme des neiges a reporté son attention sur Hannah et moi.

J'ai crié :

– Cours !

Cette fois, elle m'a écouté. On a traversé la piste en évitant de regarder derrière nous. Je sentais l'haleine putride du monstre dans mon dos.

L'homme des neiges allait nous rattraper, et on n'avait aucune chance de le distancer.

À moins que, peut-être...

J'ai tiré violemment Hannah par le bras, et on est tombés tous les deux sur la glace. La vitesse nous a projetés dans une glissade digne d'un palet de hockey, nous envoyant tout droit dans la prison, à l'abri de son épaisse porte en Plexiglas.

Deux secondes plus tard, l'homme des neiges se jetait sur nous et s'assommait contre la porte. Avec un rugissement de douleur assourdissant, il est tombé, estourbi.

Pas si abominable, finalement, hein ?

On a eu... cinq secondes de répit. Puis le monstre a repris conscience.

– *AAAAAAAAAAAAAAAH !* a-t-il rugi.

– *AAAAAAAAAAAAAAAAAAH !* a-t-on répondu, tandis qu'il abattait ses poings énormes contre le Plexiglas, qui ne pouvait pas résister bien longtemps. De fines fissures dessinaient déjà une toile d'araignée sur la surface de la porte. Elle allait craquer d'un instant à l'autre, et on n'avait plus nulle part où courir.

80

– Stop ! a tonné une voix.

C'était Shivers.

Il était debout au milieu de la piste, tenant le livre grand ouvert. Une rafale de vent a jailli d'entre les pages, s'est enroulée autour de l'homme des neiges et l'a aspiré avec un puissant bruit de succion.

Le monstre a enfoncé désespérément ses griffes dans la glace, sans résultat.

J'observais le phénomène d'un œil incrédule. Plus la créature se rapprochait du livre, plus elle devenait floue, comme si elle se liquéfiait pour se changer en... encre ? Sa fourrure et ses crocs se sont effacés, sont devenus des lettres tourbillonnantes qui réintégraient les pages.

L'instant d'après, l'homme des neiges avait disparu.

Shivers a refermé le livre avec un claquement sec.

Chaque muscle de mon corps s'est relâché. J'ai poussé un long soupir. Je ne m'étais jamais senti aussi soulagé.

Du moins, jusqu'à ce que je découvre le regard noir de Shivers posé sur nous. J'ai alors souhaité lui faire subir le même sort que celui de l'abominable homme des neiges.

– En voiture, tous les trois ! a grondé Shivers d'une voix féroce. Exécution !

15

Rencogné sur le siège arrière de la Jeep de Shivers, je me sentais comme un gamin de six ans attendant l'engueulade.

Champ se tortillait à côté de moi tandis qu'Hannah, assise à l'avant, fixait le pare-brise, tâchant sans doute de se persuader qu'elle était ailleurs. C'était aussi ce que je faisais.

Il nous a laissés ruminer un bon moment. Ce type savait entretenir le suspense.

Finalement, c'est Champ qui a eu le courage de demander :

– Qu'est-ce que vous allez nous faire ?

Shivers n'a même pas détaché son regard de la route.

– Silence.

Champ m'a chuchoté à l'oreille :

– On ne peut même pas poser une question ?

Shivers a lâché une exclamation courroucée.

Hannah a ouvert la bouche pour la première fois depuis qu'on avait quitté la patinoire :

– Papa, ils essayaient seulement de filer un coup de main.

Il a abattu son poing sur le volant, et j'ai pensé qu'il vaudrait mieux avoir cette conversation quand la voiture serait à l'arrêt. Voire jamais.

Le regard de Shivers a croisé le mien dans le rétroviseur.

– Je t'avais dit de rester loin de nous, ou il allait se produire un malheur ! C'est toujours pareil, vous n'écoutez rien, les gosses d'aujourd'hui.

Secouant la tête, il a ajouté :

– Et, bien sûr, vous avez fait revivre *L'abominable homme des neiges de Pasadena* ! Vous auriez pu choisir *Les hamsters diaboliques*.

J'ai compris soudain ce qui se passait. Enfin, pas ce qui poussait des monstres à sortir des pages d'un livre pour se balader à Madison, mais le reste.

– Non ! C'est vous ? Vous êtes R. L. Stine.

Il était impassible.

– R. L. qui ? Je ne connais pas cette personne.

Il n'allait pas s'en tirer comme ça, surtout après le pétrin dans lequel son imbécile de monstre nous avait fourrés.

– Ah bon ? Eh bien, tant mieux ! Parce que ses livres sont nazes.

Hannah m'a jeté un regard noir.

– À quoi tu joues ?

Mais j'en avais trop dit pour reculer. Je faisais exactement ce qu'elle avait tenté de faire plus tôt : piéger le monstre dans ses propres livres.

– Ouais, j'hésite. Je me demande lequel est le pire, ai-je raillé en dissimulant mon sourire, *Sang de monstre* ou *Les vers contre-attaquent*.

Hannah s'est enfoncée dans son siège. Elle baissait les bras.

– De quoi tu parles ? est intervenu Champ.

Shivers, lui – je veux dire Stine –, avait parfaitement compris.

– Les fins sont tellement prévisibles, ai-je poursuivi.

Et je lui ai asséné le coup fatal :

– S'il était là, je lui dirais d'arrêter de se prendre pour Stephen King.

Bingo. Stine a écrasé la pédale de frein et la voiture a stoppé brusquement. Il a pivoté sur son siège pour me lancer un de ses regards qui tuent, mais je n'avais plus peur de lui.

Enfin, presque plus.

– Je vais te dire une chose sur Stephen King, a-t-il aboyé. Stephen King tuerait pour écrire comme moi. J'ai vendu beaucoup plus de livres que lui, mais ça, personne n'en parle jamais !

Hannah l'a saisi par le bras.

– Papa !

Il a marmonné je ne sais quoi entre ses dents. Puis, avec un haussement d'épaules, il a redémarré. Beaucoup trop vite à mon goût.

– Papa, a repris Hannah avec nervosité, ton visage redevient tout rouge.

Ce qui ne l'a poussé qu'à enfoncer un peu plus l'accélérateur, les doigts crispés si fort sur le volant que leurs jointures avaient blanchi.

Champ a fini par comprendre.

– Non, sans blague ! s'est-il écrié. Vous êtes R. L. Stine ? Le fameux R. L. Stine ? C'est vous ?

Il sautait si fort sur son siège que son crâne heurtait le plafond.

– R. L. Stine ! C'est pas vrai ! Hé, je pourrais prendre une photo, vite fait ?

Sans attendre la réponse, tout sourire, il a sorti son portable et l'a placé devant Stine pour un selfie.

Le flash a été si éblouissant que le père d'Hannah a fait une embardée.

– Non ! Qu'est-ce que j'ai fait, bon sang, pour mériter ça ? a-t-il rugi en ramenant la voiture sur la chaussée.

– Désolé, a dit Champ – nullement désolé. Je voulais juste un selfie pour mon Instagram.

– Ah, c'est tout ? a demandé Stine, soudain bien poli. Fais voir !

Champ lui a tendu l'appareil. Et Stine l'a balancé par la fenêtre.

Fin de la conversation.

Le retour a été long et silencieux. Finalement, le père d'Hannah s'est arrêté dans l'allée, et nous sommes tous descendus.

– Qu'est-ce qu'on décide, maintenant ? lui ai-je demandé.

Ses sourcils se sont rejoints en un V inquiétant.

– Tu rentres chez toi, tu enfiles ton pyjama, tu attrapes ton doudou, tu fais un petit dodo. Et quand tu te réveilleras, tu te diras que tu as fait un mauvais rêve.

Pour un auteur jeunesse, il semblait avoir un *vrai* problème avec les jeunes.

Il a poussé Hannah dans leur maison avant qu'on ait eu le temps de se dire au revoir... Alors, on est rentrés derrière eux. Il était si furieux qu'il ne s'en est même pas aperçu.

– Monte dans ta chambre et prépare tes bagages ! a-t-il lancé à sa fille. Il faut filer d'ici avant que les gens se posent des questions.

Il a marché à grands pas jusqu'à l'écran plat de la télé et l'a arraché du mur. Derrière, il y avait un trou dans le plâtre. Stine en a sorti une valise.

Hannah s'est arrêtée dans l'escalier et nous a découverts, Champ et moi, debout dans l'entrée. Elle a pris une grande inspiration avant de déclarer :

– Mais je ne veux pas partir.

J'ai eu l'impression qu'elle tenait tête à son père pour la première fois.

– Je suis bien, ici, a-t-elle avoué.

D'une voix adoucie, Stine a déclaré :

– Hannah, il faut que tu comprennes…

– Il n'y a rien à comprendre, a-t-elle hurlé. Pourquoi on ne peut pas être une famille normale, pour une fois ?

Stine n'a pas eu l'air d'entendre. Il comptait ses pas en fixant le plancher comme s'il suivait de mémoire une carte au trésor. Et sans doute était-ce quelque chose de ce genre, car il a frappé du pied sur une latte, qui s'est soulevée. Dans le trou, il y avait une pile de cartes de crédit, de passeports et de billets de banque.

– On n'est pas une famille normale, a-t-il rétorqué à sa fille tout en manipulant les documents. Maintenant, fais ta valise !

J'étais toujours dans l'entrée, espérant entendre Hannah argumenter de nouveau. Au lieu de ça, elle s'est approchée de la cheminée, a passé la main dans le conduit et en a retiré un sac de toile.

Ces gens ne savaient donc pas qu'il existait des placards pour ranger les affaires ?

– J'en ai trop marre, a dit sèchement Hannah.

Stine a grommelé quelque chose d'indistinct où j'ai cru saisir le mot « ados ».

Si Hannah n'arrivait pas à le convaincre, je pouvais peut-être essayer.

Je me suis avancé de deux pas.

Deux pas trop sonores, je suppose. Car Stine a sursauté, s'est emparé d'un chandelier et me l'a jeté à la tête.

16

Ou plutôt à environ quarante centimètres de ma tête.

– J'aurais pu te tuer ! s'est écrié Stine en découvrant que c'était moi.

– Impossible, vous visez trop mal, a commenté Champ.

– Qu'est-ce que vous faites ici ? a-t-il lancé, sur un ton qui n'attendait pas de réponse. Rentrez chez vous !

– Non.

Même si elle vivait avec un monstre terrifiant et un père encore plus terrifiant, je n'étais pas disposé à dire adieu à Hannah.

J'ai donc ajouté :

– Avant, il faut nous expliquer ce qui se passe.

– Je ne peux rien expliquer.

– On a failli être dévorés par Flocon, l'homme des neiges, ai-je hurlé. Alors, essayez !

Je ne sais pas par quel miracle, il a cédé.

– Bon, OK, écoutez ! Euh… par où je commence ?

Il a remonté les lunettes sur son nez.

– Lorsque j'étais jeune, je souffrais d'horribles allergies qui m'obligeaient à rester cloîtré.

J'ai plissé les yeux, tâchant d'imaginer une version plus jeune et plus ringarde de Stine. Mais c'est toujours comme ça avec les adultes : on n'arrive pas à les voir autrement que vieux.

– Et les gamins jetaient des cailloux dans mes carreaux et me traitaient de tous les noms, a-t-il poursuivi. Alors, j'ai créé mes propres amis – des monstres, des démons, des goules – pour terroriser la ville et tous les gosses qui se moquaient de moi.

Voilà qui ressemblait davantage au Stine détestable dont je venais de faire la connaissance.

– Dans ma tête, ils existaient. Et, un jour, ils ont existé… *réellement*. Mes monstres ont littéralement jailli hors des pages ! Tant que les livres sont verrouillés, on n'a rien à craindre. Mais quand on les ouvre… Eh bien, vous avez pu voir ce qui se passe.

C'était absolument incroyable. Mais, étant donné ce que je venais de voir, j'étais bien obligé de le croire.

– Moi, est intervenu Champ, je suis allergique aux acariens.

– Quoi ?

– C'est juste pour dire que moi aussi, je suis allergique. Du coup, je peux comprendre.

Raconter son histoire semblait avoir usé les dernières forces de Stine. Il n'a même pas pris la peine de rabrouer Champ.

L'air abattu, il a soupiré :

– Mais pourquoi je te parle ? Hannah, on y va ! Hannah !

Il s'est dirigé vers les escaliers sans attendre qu'elle lui obéisse. Ce qu'elle a fait, néanmoins. Champ et moi, on lui a emboîté le pas. On est montés et on a suivi le couloir menant au bureau de Stine, là où tout avait commencé.

– Hannah, tu prends les livres de A à M, lui a ordonné son père, et je prends le reste. Éloigne la plante carnivore des aliens aux yeux globuleux. Tu sais comment…

Il s'est tu, la main levée vers les tranches des livres.

– Attends. Les manuscrits. Il en manque un !

J'ai désigné celui de *La nuit des pantins*, tombé sur le plancher.

Or, quand Stine l'a ramassé, son visage a affiché une expression de pure terreur : la serrure était brisée.

– Oh, non, a-t-il soufflé. Pas lui…

Je savais que ce roman mettait en scène un pantin ventriloque. Après avoir affronté l'abominable homme des neiges, il me paraissait difficile de craindre une stupide marionnette en bois.

C'est alors qu'un rire s'est élevé. Un rire haut perché, presque enfantin, a résonné dans la maison.

Le fauteuil de cuir noir, devant le bureau de Stine, a pivoté lentement pour nous faire face.

– Non ! a hurlé Stine. Non ! S'il te plaît… Non !

17

– Bonjour, papa !

C'était un pantin, bien sûr. Sauf que ce n'était pas un *simple* pantin…

Il mesurait moins de quatre-vingt-dix centimètres, mais – de ses yeux noirs insondables au sourire grimaçant qui lui étirait les joues – tout, en lui, respirait la malignité. Ses épais sourcils et la courbe de ses cheveux noirs ressemblaient à ceux de Stine.

– Ça fait combien de temps qu'on ne s'est pas vus ? a demandé le pantin en claquant des mâchoires à chaque mot.

– Pas assez, a marmonné Stine.

– Une *éternité*, à ce qu'il me semble, a déclaré la créature d'une voix rauque.

Ses yeux ont roulé de droite à gauche.

– Tu me présentes tes nouveaux amis ?

Champ et moi avons tous deux reculé d'un pas.

– On n'est pas amis, ai-je protesté.

– C'est la première fois qu'on voit ce type.

Stine a adressé au pantin un sourire forcé.

– Slappy, quel plaisir de te revoir.

– Je t'ai manqué ?

– Cruellement ! Autant que ce mauvais rhume que j'ai attrapé la semaine dernière.

Un éclair nous a tous éblouis l'espace d'une seconde. Quand mon regard s'est réhabitué à la pénombre, Slappy était perché sur le bord du bureau. La clé du manuscrit pendait à sa main.

– Alors, les amis, c'est quoi, le plan ? J'imagine que tu m'as fait sortir pour qu'on s'amuse un peu ! Pour terroriser le voisinage ? Détruire la ville ? On va faire les quatre cents coups !

Stine s'est emparé de *La nuit des pantins* et s'est avancé *trrrrrrès* lentement.

– Tu l'as dit, Slappy, a-t-il déclaré, en tenant le manuscrit derrière son dos. Je vais détruire Madison. Et je… Et je n'y arriverai pas sans ton aide.

– Ah, la vache ! Papa, tu me files – comment dit-on, déjà ? – la chair de poule !

Slappy a ri, et on aurait dit un crissement d'ongles sur un tableau noir.

– Au secours, il est trop flippant ! a chuchoté Champ.

C'était le moins qu'on puisse dire.

– Oh, tu es un sacré farceur, a continué Stine tout en se rapprochant.

Je retenais mon souffle. Plus que quelques pas...

– Oui, il est sacrément futé, ce pantin !

Les épais sourcils de bois broussailleux ont pris un pli mauvais.

– C'est moi que tu traites de pantin, *pantin* ?

Les yeux de Slappy étaient rivés sur le manuscrit. Sa voix est montée dans les aigus :

– Tu veux me réexpédier là-dedans ?

Stine a éclaté d'un rire forcé :

– Non, non, pas du tout ! Ne dis pas de bêtises !

Il a ouvert le livre.

– Je sais quand tu es en train de me mentir, papa ! a dit Slappy.

Soudain, la lampe s'est éteinte, nous plongeant dans le noir.

Une seconde plus tard, Slappy a craqué une allumette.

Tout ce que je peux dire, c'est que la lumière tremblante ne le rendait pas moins effrayant...

Le pantin s'est assis sur le rebord de la fenêtre brisée. Inexplicablement, il tenait le manuscrit de *La nuit des pantins* à la main.

– Ce n'est pas bien. Slappy n'est pas ravi du tout. Il ne retournera pas dormir sur l'étagère, a-t-il grincé. Plus jamais.

Agitant le manuscrit, il a ajouté :

– J'aime les bonnes histoires. Un bon livre comme celui-ci allume une flamme dans mon cœur.

– Attends, Slappy ! Ne fais pas ça ! s'est écrié Stine en voyant le pantin approcher l'allumette du livre qui commençait à brûler.

Slappy a laissé tomber les pages enflammées par la fenêtre.

– À mon tour de tirer les ficelles ! a-t-il caqueté. Ce soir, ça va être la meilleure des histoires que tu aies jamais écrites. *Tous* tes enfants vont venir jouer avec moi. Dommage ! Tu ne vivras pas assez longtemps pour la lire !

18

Un nouvel éclair suivi d'un coup de tonnerre m'a arraché un cri. J'ai battu des paupières dans l'obscurité soudaine.

Quand la lumière est revenue, Slappy avait disparu.

– Oh, la chance, il est parti, a soupiré Champ.

– Il est parti, a répété Stine, sans paraître soulagé pour autant.

Et on a vite compris pourquoi.

– Et il a pris les livres avec lui ! s'est exclamée Hannah.

Nous avons dévalé l'escalier dans l'espoir de rattraper Slappy. Ce n'était jamais qu'un pantin de moins de quatre-vingt-dix centimètres de haut. À quelle vitesse pouvait-il courir ?

À grande vitesse, apparemment.

Stine a stoppé devant la porte, la tête dans ses mains.

— Félicitations, tu viens de libérer un démon ! Un pantin ventriloque hargneux comme un roquet.

Il m'a fallu une seconde pour réaliser qu'il s'adressait à *moi*. Et une demi-seconde de plus pour sortir de mes gonds :

— Je n'ai ouvert *qu'un seul* livre, je vous rappelle ! Et je ne l'aurais pas fait si quelqu'un m'avait expliqué la situation au lieu d'aboyer de vagues menaces !

— L'homme des neiges a bousculé plusieurs livres quand il a surgi, a précisé Hannah. La serrure a dû céder.

J'ai articulé un *merci* silencieux, qui n'a pas servi à grand-chose.

— C'est tout de même de sa faute, a déclaré Stine en pointant sur moi un doigt vengeur. Je ne t'aime pas, gamin !

Je ne l'aimais pas non plus. Jamais un sentiment n'avait été aussi bien partagé.

Stine a tenté de se jeter au-dehors, mais la porte a résisté, ce qui a ruiné ses effets.

— Elle est fermée de l'extérieur.

Voilà qui n'augurait rien de bon…

J'ai essayé une fenêtre. Verrouillée.

Quelque chose a miroité derrière nous, dans le noir. Une ombre énorme est apparue sur le mur.

À cet instant, j'ai décidé de ne plus jamais ouvrir un livre de ma vie.

— Sortons par la porte de la cuisine ! nous a intimé Stine. Action !

On s'est tous figés à l'entrée de la cuisine. Quelque chose a remué au bas de la porte de derrière, qui s'est ouverte d'un coup. Sur le seuil se tenait un petit homme en costume d'elfe. *Hein ?* J'ai compris soudain qu'il s'agissait d'un nain de jardin !

J'ai failli éclater de rire. Toute cette panique pour… un nain de jardin ?

Champ lui-même s'est décontracté. Il s'est avancé d'un pas.

– Celui-là est pour moi.

Mais, avant qu'il ait pu jeter le gnome dehors, le lave-vaisselle s'est ouvert, lâchant un nuage de vapeur… et deux autres nains.

Champ a reculé.

– Je… j'ai cru qu'il n'y en avait qu'un.

Les vilaines petites créatures apparaissaient dans tous les coins.

L'une d'elles a jailli de la poubelle. Une autre est sortie du placard. Cinq de plus ont sauté des tiroirs, et j'étais pratiquement sûr d'avoir vu de petits yeux ronds me regarder de dessous l'évier. En un rien de temps, on était cernés.

Du calme, ai-je pensé. *Où est le problème ?* Certes, on était cernés, mais par de simples personnages *en terre cuite.*

– Qu'est-ce qui vous fait aussi peur ? ai-je demandé. Ce ne sont que d'inoffensifs petits… *Aaaah !*

Un couteau a sifflé à mon oreille avant de rebondir contre le mur derrière moi.

Le nain le plus proche a tiré une autre lame scintillante. Ses yeux rougeoyaient, et sa face barbue affichait un rictus cruel.

– Oh, ai-je lâché.

L'un des gnomes s'est élancé sur Stine et lui a entouré la tête de ses petits bras, lui écrasant les oreilles. Un deuxième s'est accroché à sa taille.

– *Aaaah !*

Stine se débattait vainement.

– Ôtez ça de moi !

M'emparant d'une poêle à frire, je l'ai abattue sur celui qui lui serrait la tête. Champ a asséné à l'autre un coup de rouleau à pâtisserie.

Bonne nouvelle : les nains sont tombés.

Mauvaise nouvelle : Stine est tombé aussi avec un hurlement de douleur.

Oups !

Avant qu'il ait pu se remettre sur ses pieds, un groupe de nains a commencé à le ligoter avec un câble électrique. Puis, en le tirant par les chevilles, ils l'ont traîné vers le four. Des mains minuscules ont programmé la chaleur sur 300 °C. Stine poussait des cris stridents.

Champ et moi, on s'est précipités. Hannah a détaché un des nains de son père et l'a tassé dans la poubelle, la tête la première. Une pluie de morceaux de poterie s'est abattue sur la cuisine.

– Aïe ! ai-je crié. Ça coupe.

J'ai empoigné un balai.

— Euh, Zach, est intervenu Champ, on nettoiera plus tard.

Mais je balançais déjà mon arme tel un club de golf, éclatant chaque tête à ma portée.

Champ s'est faufilé entre mes jambes pour tenter de libérer Stine. J'ai brisé un autre nain et j'ai regardé autour de moi, à la recherche d'un nouvel adversaire. Il n'y en avait plus. On les avait tous anéantis.

— Victoire contre les nains de jardin ! a clamé Champ. Et…

Il a désigné son habit, couvert d'une fine couche de poussière :

— … avec quelle classe ! Habillé par un styliste ! À moins cinquante pour cent !

J'ai respiré profondément, essayant de me convaincre qu'on était encore entiers.

Stine a entouré Hannah de son bras, Hannah m'a attiré contre elle. J'ai serré Champ contre moi, et, quand Champ s'est serré contre Stine, celui-ci n'a même pas protesté.

Je crois qu'on était tous un peu grisés par notre triomphe.

Jusqu'à ce qu'un bruit s'élève derrière nous : celui de morceaux de poterie animés d'une vie propre.

Lentement d'abord, puis de plus en plus vite, les morceaux se rapprochaient les uns des autres tels des aimants pour reformer des gnomes.

Ils étaient ébréchés et fendillés. Et très en colère.

— *Nooooon*, a gémi Champ. Non, non, nooooon !

19

– Il faut qu'on sorte d'ici, ai-je dit, comme si ça n'était pas évident. Passons par le sous-sol !

– Il y a un cadenas, a objecté Stine.

– Je l'ai crocheté, ai-je avoué.

– Oh ! C'est une effraction !

Tout en courant vers l'entrée de la cave, je lui ai lancé par-dessus mon épaule :

– Vous m'enverrez la facture !

Les nains nous ont pourchassés à travers la maison tandis qu'on se bousculait dans l'escalier.

– Gare aux pièges à ours ! nous a crié Stine, juste à temps.

On s'est mis à sautiller entre les pièges. La horde des nains dévalait bruyamment les marches. Ils paraissaient plus nombreux que jamais. Mais comme ils ne connaissaient pas l'existence des pièges, ils se faisaient prendre les uns après les autres entre les mâchoires de fer et explosaient en pluie d'éclats de terre cuite.

On savait que ça ne suffirait pas à les arrêter, mais ça les ralentirait assez pour nous permettre de nous échapper.

Du moins, c'est ce qu'on espérait.

On a escaladé à toute vitesse les marches menant à la porte de la cave et on a jailli à l'extérieur. Stine, hors d'haleine, a refermé la porte et verrouillé le cadenas.

On est restés plantés sur la pelouse quelques instants, à reprendre notre souffle en nous demandant ce qu'on allait faire après.

– Vous ne pouviez pas écrire des histoires de petites licornes et de jolis arcs-en-ciel ? ai-je grommelé.

– Je n'en aurais pas vendu quatre cents millions d'exemplaires.

– En Amérique ? a demandé Champ.

– Non, dans le monde. Et ça reste exceptionnel. Mais tais-toi !

La lune n'était qu'un mince croissant, et l'homme des neiges avait démoli tous les lampadaires de la rue. Je voyais pourtant clairement les visages de chacun, car des myriades de petites lumières semblables à des lucioles dansaient dans les airs.

Si cette nuit avait été une nuit ordinaire, j'aurais trouvé ça beau. Mais, à cette heure, ça ne faisait qu'annoncer d'autres problèmes.

On a suivi le nuage scintillant jusqu'à sa source : une pile de ce qui avait été des manuscrits reliés de cuir était en train de se consumer.

Stine en est resté bouche bée.

– Il brûle les livres, a soufflé Hannah.

Perplexe, j'ai demandé :

– Pourquoi il fait ça ?

– Pour qu'on ne puisse plus renvoyer les monstres à l'intérieur, a expliqué Stine comme s'il nous annonçait la fin du monde.

Étant donné le genre des livres – et des monstres – c'*était* peut-être la fin du monde.

– C'est la vengeance de Slappy, a dit Stine, sombrement.

Puis son visage s'est illuminé :

– *La vengeance de Slappy...* Hé, c'est un bon titre !

L'homme pédalait de toutes ses forces dans le vent, penché sur son guidon. Il n'a pas entendu la voiture qui approchait derrière lui, pas avant qu'elle soit assez près pour sentir ses gaz d'échappement. Des phares ont éclairé la route loin devant lui.

– Écarte-toi ! a crié l'homme en agitant le bras. Les cyclistes roulent à droite !

La voiture n'a accéléré ni n'a dévié. Elle est restée à sa hauteur, illuminant la nuit. Le cycliste a jeté un coup d'œil derrière lui, presque aveuglé par les pleins phares. Il a levé le poing.

– Je suis avocat, je te poursuivrai en justice !

Le véhicule a fait un brusque écart, l'envoyant bouler dans le fossé. Le cycliste est demeuré étendu à terre, inerte.

Dans la voiture, des mains de bois ont agrippé le volant. Des dents de bois ont claqué bruyamment.

– Désolé, a raillé Slappy. Je t'ai fait une queue de poisson. Un de ces jours, je prendrai une leçon de conduite. Mais à quoi ça me servira ? Mes pieds ne touchent même pas les pédales. Ha, ha, ha !

Slappy a continué sa route. Il aimait cette ville. Il avait de grands projets pour elle.

La vitre s'est abaissée, et un livre enflammé est passé au travers, dessinant une traînée incandescente dans la nuit.

La route était déserte. Personne n'a vu les tentacules verdâtres qui s'échappaient des pages, bordés chacun de dents acérées.

Les tentacules se sont allongés à une vitesse folle. Bientôt, ils ont escaladé les tours de téléphonie cellulaire, se sont faufilés à travers les rues, isolant lentement Madison du monde extérieur et la coupant de tout secours possible.

Slappy roulait toujours. Les manuscrits brûlaient, et des boules de feu dansaient sur la route, chacune d'elles libérant une horrible créature dans la ville inconsciente du danger. Au loin une femme a crié. Slappy a gloussé. Il y aurait des tas d'occasions de rire avant que la nuit ne finisse. Et des tas d'autres hurlements délicieux.

Slappy n'en était qu'à ses débuts.

20

On a parcouru la ville en voiture, à la recherche du pantin.

On n'a trouvé que destructions, ruines fumantes, habitants paniqués. On se serait cru dans une zone de guerre.

J'ai essayé d'appeler maman et tante Lorraine, sans succès.

– Je ne sais pas ce qui cloche avec mon téléphone, ai-je dit après ma dixième tentative. Je ne capte aucun signal.

– Slappy a détruit les antennes-relais, a commenté Stine. À sa place, c'est ce que j'aurais fait.

Il n'avait pas l'air particulièrement perturbé d'être en phase avec un pantin criminel.

– Il cherche à nous couper du monde, à nous isoler, a-t-il ajouté.

Un bruit sourd a retenti sous le capot.

– Ce… ce bruit, c'était quoi ? s'est inquiété Champ d'une voix tremblante.

On a tous scruté l'obscurité droit devant nous.

Rien.

Une seconde plus tard, deux empreintes de mains sont apparues sur le pare-brise.

Stine a dégluti avant de crier :

– Le garçon invisible ! C'est un danger public !

Quelqu'un a grimpé sur le toit. On a entendu des pas au-dessus de nos têtes.

Puis Champ s'est rejeté en arrière, comme si une main l'avait frappé par la vitre ouverte :

– Ouille !

Soudain, il a été soulevé de son siège par sa cravate. Sa tête a oscillé de droite à gauche sous l'effet de gifles invisibles, tandis qu'il battait inutilement l'air de ses bras. La scène aurait été hilarante si elle n'avait pas été aussi terrifiante.

– Au secours ! hurlait-il en frappant le vide autour de lui. Il me tient ! Il me tient !

Stine a donné un violent coup de freins, et ce qui avait grimpé sur la voiture a brutalement atterri dans l'herbe avec un grognement.

– Je crois qu'on s'en est débarrassés, a dit Stine en redémarrant, pied au plancher.

Mieux valait ne prendre aucun risque.

Un autre coup sourd au-dessus de nous.

Encore un autre.

112

– Probablement des débris, a supposé Stine.

– Sûrement, a approuvé Hannah.

– Ça ne peut pas être le garçon invisible, a renchéri Champ.

Avant d'avoir pu nous inquiéter davantage de ces bruits sur le toit (qui ne pouvaient en aucun cas être produits par le garçon invisible), on a tourné sur la place de la ville et on s'est arrêtés.

Hannah s'est exclamée :

– Putain ! Qu'est-ce que…

– Ton langage, Hannah ! a protesté instinctivement son père.

Mais il était clair qu'il pensait la même chose. On le pensait tous.

La rue principale était complètement détruite. Des fils de téléphone serpentaient sur la chaussée. Les lampadaires brisés formaient des angles impossibles au-dessus des rues désertes. Les bouches d'incendie vomissaient de l'eau. Une mâchoire géante avait arraché un morceau à la statue du fondateur de la ville.

La place n'était pas vide… pas tout à fait. Une dizaine de gens y étaient dispersés, mais aucun d'eux ne bougeait. Ni ne respirait.

Ils étaient transformés en statues.

Champ a sauté de la voiture pour courir vers l'une des silhouettes pétrifiées.

– Oh, mon Dieu ! C'est pas vrai, papa ! Papa ! Qu'est-ce qui t'est… Oh !

113

Il a ri en tapotant l'épaule de l'homme congelé.

– Ouf, j'ai eu chaud. C'est bon. Fausse alerte. Ce n'est pas mon père.

Je me demandais si ces gens étaient vivants ou morts, s'ils nous observaient de leurs yeux gelés, terrifiés, dans l'espoir qu'on tente quelque chose pour les sauver.

– On fait quoi ? a gémi Hannah. T'as une solution ?

Elle a tendu le bras, suspendant son geste juste avant de toucher du doigt une larme gelée sur la joue d'une femme.

Je ne m'étais jamais senti aussi démuni.

Pour Stine, ce devait être encore pire. C'était lui qui avait donné vie à ces monstres. Tout ça était arrivé par sa faute.

Il a soupiré :

– Sans les livres qui ont brûlé, désolé, je ne peux rien faire.

Il m'est alors venu une idée.

– Si vous avez écrit des histoires qui ont fait apparaître des monstres, vous pouvez en écrire pour les faire disparaître.

– Super idée ! a approuvé Champ. On attend quoi pour s'y mettre ?

Stine a secoué la tête.

– Vous imaginez une seconde combien d'histoires je devrais écrire pour capturer tous les monstres que

j'ai créés ? J'ai déjà mes canaux carpiens complètement
H.S. !

– Papa ! a insisté Hannah. Écoute-le, au moins ! Son
idée est géniale.

– Il n'en faut qu'*une*, ai-je expliqué. Une seule histoire
pour tous les capturer !

– Tout simplement ? a-t-il commenté d'une voix
pleine de sarcasme. Une histoire qui regrouperait tous
les monstres que j'ai créés ? Brillant !

– Vous avez une meilleure idée ?

J'ai attendu qu'il propose autre chose.

Mais Stine était visiblement à court d'inspiration.
Comme nous tous. Il fallait essayer ou bien abandonner, rentrer à la maison et attendre d'être dévoré par une
grenouille carnivore ou n'importe quoi d'autre.

J'ai donc pris la décision pour lui. Pour nous tous.

– On va vous trouver un ordinateur pour que vous
commenciez à l'écrire. Venez ! Entrons dans cette boutique. Il n'y a qu'à se servir !

Champ a paru enchanté à la perspective de mettre la
main sur du matériel informatique flambant neuf, mais
Stine a de nouveau secoué la tête.

– Non ! Il me faut ma machine à écrire. J'ai tapé
toutes mes histoires sur ma vieille Smith Corona ! Cette
machine est… spéciale. Elle a une âme. Si j'écris sur
autre chose, ça ne donnera rien.

Au moins, il était dans de bonnes dispositions. Nous
avions peut-être enfin un plan.

115

– Elle est où, cette machine ? ai-je demandé.

– Oh, sois tranquille. Je l'ai mise à l'abri, m'a affirmé Stine.

Seul problème : cette nuit, on n'était à l'abri nulle part.

21

Il s'est avéré que la machine à écrire était au lycée, dans une vitrine d'exposition. On allait au bal d'automne, en fin de compte. Ce qui me convenait. Si des monstres étaient occupés à dévaster la ville, j'avais besoin de m'assurer que maman allait bien.

On s'est dirigés vers l'école sans échanger un mot. Difficile d'être d'humeur bavarde quand une horde de créatures met votre ville à sac et que vous êtes les seuls qui puissent les arrêter, probablement au péril de votre vie.

Pour ne pas trop y penser, j'ai tenté d'alléger l'atmosphère.

– Dis-moi, Hannah, ai-je lancé sur le ton de la conversation.

Elle s'est retournée, s'attendant sans doute à une déclaration fracassante ou au moins à une considération sur les monstres.

– Je ne sais pas trop à quoi va ressembler le reste de la nuit, ai-je poursuivi, mais on pourrait danser ensemble.

Ce n'était pas grand-chose, mais ça lui a tiré un sourire.

– Hmmm…, il faut que je consulte mon agenda.

Soudain, une main s'est abattue entre nous, une grosse main calleuse qui ressemblait fort à celle de Stine. Il l'a agitée jusqu'à ce qu'Hannah fixe de nouveau le pare-brise devant elle.

Stine a quitté la route des yeux le temps de me lancer un regard noir.

– Ne parle pas à ma fille ou je t'enferme dans le coffre. Ne t'imagine pas que je…

– Attention ! Devant ! l'a interrompu Champ en désignant deux personnes, debout au milieu de la rue, juste devant nous.

Stine a donné un coup de volant, trop tard. On leur est rentrés dedans… et on est passés à travers eux avant de filer droit dans un poteau téléphonique.

On a hurlé quand le métal s'est aplati en crissant. Le capot s'était encastré dans le pylône.

Les gens qu'on avait tenté d'éviter semblaient transparents à la lumière de la lune. *Des fantômes.*

– Tout le monde va bien ? a demandé Stine.

J'ai tâté mes bras et mes jambes avec précaution. J'étais tremblant, mais en un seul morceau.

On ne pouvait pas en dire autant de la voiture.

– Que fait ce poteau au beau milieu de la rue ? me suis-je lamenté.

– Euh…

Champ a désigné le toit ouvrant.

– Je ne crois pas que ce soit un poteau.

On a levé les yeux, plus haut, encore plus haut.

Champ avait raison. Ce n'était pas un poteau.

C'était une patte… attachée au torse d'un insecte géant.

La patte d'une mante religieuse de quinze mètres de haut.

22

Une mante religieuse qui abaissait la tête vers nous, mâchoires grandes ouvertes.

– Je ne me souviens pas d'avoir écrit une histoire de mante religieuse géante, s'est exclamé Stine, tandis qu'on hurlait à se déchirer les poumons.

La mante a craché un mucus noirâtre aussi large qu'une bouse d'éléphant, qui a maculé tout le pare-brise, nous plongeant dans l'obscurité.

On entendait au-dehors un sifflement bas, crépitant, semblable au bruit d'un œuf en train de frire dans la plus grande poêle du monde.

– Ah si, a fait Stine avec un hochement de tête. Ça me revient.

– Tirez-nous de là, ai-je suggéré. Qu'est-ce que vous attendez ?

Il a mis les essuie-glaces en route.

– Qu'est-ce que vous fabriquez ? ai-je glapi.

– Je ne peux pas conduire si je ne vois pas la route.

Tandis que les essuie-glaces étalaient le mucus sur le pare-brise, Stine a enclenché la marche arrière pour s'éloigner de l'insecte. Celui-ci s'est élancé derrière nous, et on entendait le bitume craquer sous son poids. Stine virait de droite à gauche entre ses pattes gigantesques.

– Ils se sont tous ligués contre moi, se lamentait-il. Comme le monstre de Frankenstein contre le docteur Frankenstein !

– Elle est au-dessus de nous ! a hurlé Hannah tandis que la mante sifflait de nouveau.

De gros crachats de mucus s'écrasaient sur le toit du véhicule.

– Et derrière nous ! ai-je crié en voyant une patte s'abattre à deux pas du coffre.

– Elle… elle est partout, a gémi Champ sur le ton du désespoir.

– Fermez-la, ou je me gare ici tout de suite ! nous a menacés Stine.

En fait de se garer, il a accéléré, a franchi une bordure et a foncé sur le parking du supermarché, de plus en plus vite, jusqu'à ce qu'on ait embouti un véhicule en stationnement. Seule ma ceinture de sécurité m'a empêché de voler à travers le pare-brise.

Les airbags nous ont explosé à la figure et la voiture s'est emplie de fumée. On est sortis en se bousculant tandis que l'insecte approchait.

– Là-dedans ! a crié Hannah.

On a franchi les portes du supermarché à l'instant où la mante religieuse soulevait la voiture par le capot et arrachait le toit. Elle a piaulé de frustration en découvrant que l'intérieur était vide, avant de balancer le tas de ferraille à travers le parking.

Les yeux fermés, je me suis accroupi sous une caisse en pensant : *On aurait pu être dedans.*

– Pourquoi avoir inventé une créature pareille ? a pleurniché Champ. Pourquoi, Stine ? Pourquoi ?

– J'ai ça dans le sang, il faut croire.

Il paraissait presque fier de lui.

La mante religieuse a bondi jusqu'à la voiture retournée et l'a piétinée pour l'aplatir comme une crêpe.

– Oh, non ! Mon Wagoneer ! s'est exclamé Stine. Il était sous-kilométré !

Il semblait plus affecté par la destruction de sa Jeep que par tout ce qui s'était passé cette nuit-là.

Par chance, la mante religieuse avait du goût pour les carrosseries, et le parking en était plein. Elle bondissait de voiture en voiture et s'amusait à les jeter en l'air avant de les écrabouiller.

Au moins, pendant ce temps-là, elle ne nous cherchait pas.

23

Les lumières du supermarché étaient allumées et la musique d'ambiance jouait à fond, mais l'endroit était désert. Toutes les personnes sensées étaient probablement chez elles cachées sous leur lit.

– On est loin du lycée ? ai-je demandé.

– Pas tellement, a dit Hannah. On peut couper par le cimetière.

– Quoi ? Par le… cimetière !

Elle a haussé les épaules.

– Oh, détends-toi ! Le lycée se trouve juste derrière, après le bois.

Stine a froncé les sourcils.

– Hé ! Comment tu le sais ?

– Eh bien…

Hannah semblait prête à lâcher ce qu'elle ne voulait pas révéler.

– Quelquefois, j'ai besoin de me défouler, alors je pars en exploration.

– Quand ?

– La nuit, a-t-elle avoué. Quand tu dors.

Ce n'était pas si grave, comparé à ce qui venait d'arriver. Mais Stine en faisait toute une histoire.

– Tu es privée de sorties, a-t-il grondé.

– C'est injuste ! a protesté Hannah. J'ai rien fait.

J'ai levé les yeux au ciel.

– Écoutez, vous avez tous les deux de bons arguments, mais si vous discutiez en avançant ?

Tant qu'à être dans un supermarché, j'ai suggéré qu'on rassemble quelques provisions.

Stine s'est emparé d'un paquet de chips. Champ s'est planté devant une pile de bouteilles de soda.

– Hé ! Vous auriez un dollar à me prêter ? a-t-il demandé à Stine.

– Quoi ? Non. Pourquoi ?

– Je meurs de soif.

Stine a soupiré :

– Tu n'as qu'à te servir. Je suis sûr qu'ils comprendront.

– Vous croyez ?

On pouvait voir Champ peser le pour et le contre : « Citron vert, raisin… Ou peut-être fraise… »

Stine a raflé une bouteille sur l'étagère et l'a jetée à Champ.

– C'est pas vrai ! Tiens ! Orange !

Hannah a pouffé et s'est dirigée vers le rayon des barres chocolatées. Je l'ai suivie.

– Franchement, je me faisais des idées, lui ai-je dit en souriant. Ici, c'est beaucoup plus animé qu'à New York !

C'était vrai : on se cachait dans un supermarché pendant qu'une mante religieuse géante nous guettait pour nous écrabouiller la tête, et on s'apprêtait à crapahuter dans un cimetière.

Hannah s'est arrêtée pour me regarder et – très doucement – a repoussé une mèche qui me tombait sur le front. Ma peau a frémi à ce contact.

– Quoi ? ai-je soufflé, craignant de l'effaroucher, de gâcher cet instant.

Je ne m'étais encore jamais tenu aussi près d'une fille.

– Tu t'es coupé.

Et elle est partie à la recherche d'un kit de premiers secours.

– C'est moche ? ai-je voulu savoir quand elle a commencé à tamponner mon front avec un coton.

La brûlure de l'antiseptique m'a fait monter les larmes aux yeux ; j'ai battu des paupières pour les chasser. Pas question qu'elle pense que j'allais *pleurer* pour une égratignure !

– Oui, c'est super moche.

– Je suis défiguré ? ai-je demandé en tâchant de ne pas paniquer.

Elle a souri.

– Ouais, c'est la cata. Tu auras cette tête toute ta vie.

D'accord, ce n'était peut-être pas la façon traditionnelle de sortir avec une fille, mais on était là, tous les deux, dans l'allée de ce supermarché. L'éclairage fluorescent, la musique d'ambiance romantique, son visage si près du mien, et en arrière-fond les grognements d'une bête en train de mastiquer un os…

Hé, minute !

Hannah m'a regardé. Je l'ai regardée. Et on s'est tournés tous les deux vers le rayon boucherie… où un loup-garou aussi hirsute que colossal dévorait une énorme côte de bœuf !

Stine et Champ nous ont rejoints au moment où le loup-garou rejetait l'os pour s'attaquer à un steak saignant.

Champ a ouvert la bouche, mais j'ai pressé mon doigt sur mes lèvres. Peut-être que, si on restait *très* discrets et si on reculait *très* lentement, on se tirerait de là avant que la bête ait flairé notre odeur de viande fraîche.

Champ m'a adressé un signe de tête. Puis il a dévissé le bouchon de son soda.

Pchiiiiiit !

Le loup-garou a tourné la tête vers nous. On a détalé.

Champ et Hannah ont couru vers le rayon des sur-gelés. Je me suis élancé dans l'allée des produits pour animaux et Stine m'a suivi avant de bifurquer vers le rayon hygiène.

— Le loup-garou des marécages peut repérer mon odeur, a-t-il expliqué en s'aspergeant de déodorant. Je dois la dissimuler.

Ça n'a pas marché. Je m'étais blotti derrière un rayonnage quand j'ai entendu Stine gémir. Le loup-garou marchait droit sur lui. Mon esprit n'a pas cessé de fonctionner. Je me suis faufilé hors de ma cachette, j'ai attrapé une cuisse de poulet en caoutchouc sur l'étagère la plus proche et je l'ai agitée :

– Hé, toutou !

Et j'ai jeté la cuisse aussi loin que j'ai pu.

Ouiiiiiii ! Avec un jappement joyeux, le loup-garou a galopé pour la rattraper.

Hannah et Champ ont remis Stine sur ses pieds, et on a tous filé vers le signal lumineux indiquant SORTIE DE SECOURS en essayant d'ignorer le bruit de pattes, derrière nous, quand le loup-garou a compris que son repas allait s'échapper.

J'ai donné un coup de pied dans un balai à laver, et de l'eau savonneuse s'est répandue sur le sol.

Le loup-garou a dérapé, et on a franchi le seuil de la sortie.

Stine a claqué la porte d'acier :

– Qu'il essaie de l'ouvrir, qu'on rigole !

24

Cinq secondes plus tard, on n'avait plus envie de rigoler. La porte a explosé et le loup-garou a jailli au-dehors.

On a continué à courir dans le parking de derrière… pour aboutir dans une impasse !

Le loup-garou a émis une série de jappements brefs. On aurait dit qu'il riait. Puis, baissant la tête, il a montré ses crocs. Il allait attaquer.

Je ne pouvais pas croire que nos vies allaient se terminer là, dans un parking de supermarché.

– Eh bien, les gars, c'était…

Des phares ont illuminé l'allée. Un moteur a rugi. Le loup-garou s'est retourné vers la voiture, qui a foncé sur lui et l'a projeté contre un mur de briques.

C'était un spectacle très étrange que cette voiture sortie de nulle part, ce loup-garou aplati et cette conductrice qui se penchait à la portière pour nous saluer.

– Ça va, je n'ai rien ! a lancé la femme.

L'airbag l'a plaquée violemment contre son siège.

— Ça va, je n'ai toujours rien ! a-t-elle répété.

— Qui c'est, celle-là ? s'est étonnée Hannah.

J'ai secoué la tête, sous le choc, l'esprit confus, et plus qu'impressionné :

— C'est ma tante Lorraine.

S'extirpant de l'airbag, tante Lorraine est sortie de sa voiture. Je ne l'avais jamais vue autrement que parfaitement coiffée et maquillée. Mais, là, elle était dans un drôle d'état, les cheveux en bataille et les vêtements couverts de... poils de caniche ?

On n'était peut-être pas les seuls à avoir passé une nuit quelque peu agitée.

— Mon Dieu ! s'est-elle exclamée en examinant la fourrure grossière écrasée contre la voiture. Je pense que j'ai tué cet ours brun !

— En fait, c'est un loup-garou, l'a informée Hannah, sur le ton de l'évidence.

Ma tante n'a pas paru étonnée.

— Tante Lorraine, ai-je demandé, qu'est-ce que tu fais ici ?

— C'est l'aire de livraison de ma boutique, a-t-elle répondu en désignant l'enseigne dominant l'allée : *Aux surprises de Lorraine*. Je ne savais pas où aller. Je n'arrivais à joindre ni ta mère ni la police, personne !

Elle a soudain remarqué la présence de Stine. Elle a aussitôt tenté de remettre sa coiffure en ordre et lui a adressé un sourire emphatique en battant des cils.

– Bonsoir ! Je crois que... nous n'avons pas encore fait connaissance. Je m'appelle Lorraine.

Oh, oh ! Je connaissais ce sourire. Je connaissais ces battements de cils. Pour qui je devais m'inquiéter – tante Lorraine ou Stine ? Ni l'un ni l'autre ne savait où il mettait les pieds.

– Bonsoir. R. L. Stine, a-t-il dit en lui serrant la main. Nous vous devons une fière chandelle. Votre conduite fougueuse nous a sauvé la vie.

– Quoi ? Ça ? Oh, c'est rien !

Elle a coincé une mèche de cheveux derrière son oreille.

– Eh bien, Stine, Shivers, qui que vous soyez... vous pouvez m'appeler Lorraine, ou Rainey, ou...

Je l'ai interrompue :

– Tante Lorraine ! On n'a pas le temps. Il faut que tu ailles au poste de police en urgence. Demande-leur de nous rejoindre au lycée. Tu crois que tu peux le faire ?

– Je peux le faire.

Puis elle a lâché un sifflement appréciateur :

– Quelle nuit ! Mon horoscope me l'avait prédit.

Hannah l'a regardée, le front plissé.

– Votre horoscope avait prédit une invasion de monstres ?

Tante Lorraine a haussé les épaules.

– Presque. Il disait : « Préparez-vous à des surprises inattendues. »

Que pouvait-on répondre à ça ?

Le poste de police était sombre et désert. Une rangée d'écrans de contrôle révélait l'ampleur des destructions causées par les monstres : momie, clown maléfique, vampire, mante religieuse géante dotée d'une attirance particulière pour les voitures en stationnement.
Dans les bureaux, pas un mouvement, pas un geste. Aucun héros ne s'apprêtait à bondir à la rescousse. L'endroit était parfaitement silencieux. Abandonné. On aurait dit la fin du monde.
Lorraine est entrée prudemment.
– Hé ho ! Il y a quelqu'un ?
Il y avait quelqu'un. Quelqu'un regardait. Mais ce n'était pas le moment de le faire savoir à Lorraine. Pas encore.
Une radio trônait sur un bureau. Lorraine a décidé de prendre les choses en main.
– Appel à tous les agents ! Appel à tous les agents ! Allez au lycée tout de suite ! Mon neveu est en difficulté. Il est avec R. L. Stine. Ils pensent avoir la solution pour régler tout ça. Allô ? Est-ce que quelqu'un m'entend ?
Silence.
Puis une voix s'est fait entendre. Qui ne venait pas de la radio.
– Moi, je vous entends.
Lorraine s'est retournée lentement.

Et, sur le siège du chef de la police, portant le chapeau du chef de la police, était assis Slappy.

– Sergent Slappy, a-t-il dit. Pour protéger et servir.

Slappy avait toujours aimé ça – la façon dont les gens le regardaient quand ils le voyaient pour la première fois. Leur visage qui se figeait, comme s'ils étaient taillés dans le bois.

– Ma parole ! a couiné Lorraine. Tu as parlé...

– Ne le dites pas ! l'a menacé Slappy.

– Alors que tu n'es...

Il lui a laissé une dernière chance.

– Ne dites pas ça !

– ... qu'un pantin.

Elle avait gâché son ultime chance. Tout en faisant signe aux ombres, Slappy a déclaré :

– Vous avez le droit de garder...

Une troupe d'aliens aux yeux proéminents est apparu dans un coin de la pièce, leurs lance-rayons levés.

– ... le silence.

Les aliens ont tiré.

Lorraine s'est pétrifiée.

Slappy a renversé la tête en caquetant :

– Un bon petit rayon bien froid ! Tu m'as l'air complètement givrée ! Ha, ha, ha !

Alors que les aliens attendaient d'autres ordres, la porte du poste de police s'est ouverte. Un nain de jardin cabossé et fendillé est apparu sur le seuil. Synchronisation parfaite.

– Qu'a fait Stine quand vous l'avez attaqué? a demandé Slappy avec avidité. Il a pleuré comme un bébé et supplié qu'on lui laisse la vie sauve?

Slappy aimait particulièrement les supplications.

Le nain n'a rien répondu, mais Slappy avait compris.

– Vous étiez quatre cents, a-t-il ragé. Et vous n'avez pas su tuer un vieil écrivain ringard?

C'est ennuyeux, mais pas désastreux, a pensé Slappy. Puis il a souri. Pourquoi laisser Stine à ses valets? Il avait une meilleure idée.

– Quand on veut faire une omelette, à ce qu'on dit, mieux vaut casser les œufs soi-même.

25

De tout ce que j'avais vu au cours de la nuit, le cimetière était ce qu'il y avait de moins effrayant. Néanmoins,
l'endroit était fort inquiétant. Une lune argentée projetait
des ombres noires entre les arbres. Des anges de pierre
observaient notre lente progression parmi les tombes.

On n'entendait que le crissement des feuilles mortes
sous nos pieds et le bruit de nos respirations. J'essayais
de ne pas penser aux corps en décomposition, six pieds
sous terre.

Stine et Champ allaient en tête ; Hannah et moi les
suivions, assez près l'un de l'autre pour que nos mains se
frôlent. On était silencieux. Je me sentais bien, à marcher
ainsi à ses côtés sans rien dire.

Mais, bientôt, Stine et Champ commencèrent à bavarder. Ils s'imaginaient peut-être que leurs voix allaient
effrayer les fantômes !

– D'où vient ton surnom atypique, Champ ? a demandé Stine.

– Ce n'est pas un surnom.

Stine a gloussé :

– Non, arrête ! C'est ton *vrai* nom ? Quoi, ce n'est pas un diminutif ?

– Mon vrai nom, c'est… Champion.

J'ai étouffé un rire. Pauvre Champ.

– Mon père a été médaillé de bronze aux jeux Olympiques de 1992, a expliqué Champ. Je suis sa pire contreperformance. Et ma mère a été deux fois championne du monde universitaire. Résultat, ils m'ont appelé Champ.

J'ai eu de la peine pour lui. Je comprenais. Je savais ce que c'était que d'avoir pour père un héros, et de se dire qu'on ne l'égalera jamais.

J'ai toujours craint de décevoir mon père, même maintenant, alors qu'il n'est plus là. Ce n'est peut-être pas logique, mais c'est ce que je ressens. Comme s'il attendait de moi une action d'éclat.

Sans nous concerter, Hannah et moi avons ralenti le pas, augmentant la distance entre nous et son père jusqu'à avoir presque l'impression d'être seuls dans le cimetière. Un nuage qui passait devant la lune a voilé sa faible clarté.

– Tu sais, si tu as peur, je peux te tenir la main, ai-je suggéré.

– Mais c'est toi la poule mouillée, ici.

Son sourire s'est alors transformé en un hurlement silencieux. Les yeux écarquillés, elle s'est figée d'horreur tandis qu'une main grisâtre se posait sur son épaule. Elle a lâché un petit cri, suivi d'un gloussement embarrassé. Elle venait simplement de heurter la main tendue d'un ange de pierre.

– Attends, ne bouge pas, ai-je dit. Ce n'est qu'une statue. Tu permets ? Deux secondes…, elle a attrapé ta capuche.

Je l'ai entourée de mes bras pour libérer le vêtement des doigts de granite.

– Mon héros, a-t-elle murmuré.

Son visage était tout près du mien. Ses lèvres paraissaient si douces.

– C'est bon. Te voilà libre.

Nos yeux se sont rencontrés. Elle n'a pas bougé. Nos regards ne se quittaient pas. *Ça y est*, ai-je pensé en me préparant mentalement : *c'est LE moment.* Tout ce qu'il me restait à faire, c'était m'avancer un peu, un tout petit peu, pour que nos lèvres se touchent…

À cet instant, la lune est sortie de derrière les nuages. Dans sa lumière blême, Hannah m'a soudain paru… transparente. Immatérielle. Une étrange idée m'a traversé l'esprit.

Déconcerté, j'ai reculé. Et j'ai trébuché sur une branche.

Mais ce n'était pas une branche.

C'était une main terreuse qui sortait d'une tombe.

26

La main s'est refermée autour de ma cheville. J'ai ouvert la bouche pour crier, mais aucun son n'en est sorti. Ça ressemblait à un cauchemar, sauf qu'aucun cauchemar n'avait jamais été aussi réel, aussi glaçant. Aucun cauchemar ne produisait ces bruits immondes.

Le sol a bougé au-dessous de moi, et une autre main a jailli, dont les doigts crasseux repoussaient la terre.

J'ai dégagé ma cheville à l'instant où la créature s'extirpait du caveau. Un spectre du cimetière !

Et il en venait d'autres ! Et ils sortaient tous du sol pour converger vers nous !

Hannah et moi avons filé entre les tombes, Stine et Champ sur nos talons, nous dissimulant derrière les pierres tombales et les statues. Les spectres boueux s'avançaient lourdement, de plus en plus nombreux. J'essayais de ne pas imaginer ce qu'ils feraient s'ils nous rattrapaient. Avec leurs faces cadavériques, leurs doigts souillés, ils nous entraîneraient sous terre, dans leurs tombes...

On a enfin atteint les grilles du cimetière. Hannah s'est glissée sans trop de difficultés entre les barreaux rouillés. C'était un peu juste pour moi, mais j'ai réussi.

Champ et Stine étaient presque hors d'affaire quand un spectre a attrapé Stine par le pied.

– Je suis coincé ! Continuez sans moi ! Sauvez-vous ! nous a-t-il crié, tandis que le spectre l'entraînait de force vers le cimetière.

Puis il a ajouté, furieux :

– Non ! Je ne le pensais pas ! Tirez-moi !

Hannah et moi, on s'est retournés, on l'a saisi chacun par une main et on a résisté de toutes nos forces. C'était comme au jeu de tir à la corde. Centimètre par centimètre, on l'a ramené vers nous. Mais le spectre s'acharnait. Stine allait être déchiré en deux.

D'autres spectres s'accrochaient à lui, additionnant leurs efforts. Et ils étaient plus forts que nous. J'avais les doigts engourdis, et les mains d'Hannah glissaient. On allait le perdre !

– Espèces de saletés de monstres ! a tempêté Stine.

À chaque mot, il décochait un coup de pied aux spectres en pleine figure. Surpris, ils ont relâché leurs efforts une seconde – la seconde qu'il nous fallait pour l'arracher à leurs griffes et lui faire traverser la grille.

On s'est effondrés tous les deux dans la poussière, haletants. J'avais l'impression que mes bras allaient se détacher de mes épaules.

Stine était déjà sur ses pieds, scrutant le parking à la recherche de Champ.

– Je vais le tuer ! Où est-il passé, ce petit crétin ?

La tête de Champ a émergé de derrière un buisson, plus près que je ne l'aurais cru.

– Désolé, monsieur. Vous m'avez dit de courir, j'ai cru que c'était ce que vous vouliez. Vraiment.

Stine lui a jeté un regard noir, avant d'admettre :

– Pas ta faute. C'est moi qui ai imaginé ces spectres. La prochaine fois, j'écrirai peut-être des histoires de petits poissons nageant gentiment dans un étang.

Avec un soupir, il a ajouté :

– Oubliez ce que j'ai dit. J'en ferai plutôt des requins mangeurs d'homme.

– C'était peut-être les derniers de vos monstres qu'on avait à combattre, ai-je supposé.

Évidemment, j'avais tort.

27

Dans le gymnase du lycée, le bal battait son plein. Le bâtiment aurait dû être noir et vide, plongé en état d'hibernation jusqu'au lundi matin. Il me paraissait tout à fait incongru de me trouver là quand je n'avais pas à y être. C'était une violation d'une loi fondamentale : *Tu n'iras jamais au lycée sans absolue nécessité.*

Or, c'était absolument nécessaire. Quelque part dans l'immense labyrinthe de vitrines occupant les couloirs, la machine à écrire de Stine attendait.

– Où ont-ils mis ma machine ? a grommelé Stine quand on a atteint le bout du troisième couloir. De ce côté ? Ou là-bas ? On devrait peut-être se séparer ?

Champ a protesté :

– Quoi ? Non ! Ça vous est arrivé de lire un de vos livres ? On ne doit *jamais* se séparer !

145

– C'est bon, est intervenue Hannah. Il n'y a pas dix mille vitrines, dans ce lycée !

Laissant les autres partir devant, j'ai attrapé Stine par la manche. J'avais quelque chose à tirer au clair :

– Faut qu'on discute. Hannah l'ignore, c'est ça ?

– Elle ignore quoi ?

– Elle ignore qu'elle n'est pas réelle.

Stine m'a fixé sans répondre.

– Elle croit être une personne ? ai-je insisté. Pas le simple fruit de votre imagination ? Comment osez-vous ? C'est un horrible mensonge !

– Je voulais la protéger.

– Bravo ! On peut dire que c'est réussi.

Il a secoué la tête, l'air accablé.

– Ce don est une malédiction, je t'assure. Tu n'as pas idée de ma solitude avant l'arrivée d'Hannah.

Après un petit silence, il a poursuivi :

– Elle est différente. Je l'ai rédigée de façon qu'elle croie être réelle. Et elle est totalement réelle pour moi. Je n'attends pas que tu comprennes.

– Mais je comprends, ai-je assuré.

Et c'était vrai.

– J'ai peur de la perdre. La vérité, c'est que j'ai peur de me retrouver seul. J'ai dû arrêter de fréquenter des personnes réelles quand j'avais ton âge.

Ça aussi, je le comprenais.

– Quand mon père nous a quittés, ai-je confié, je me suis coupé du monde aussi. On devrait prendre un nouveau départ. Si on est encore vivants demain…

L'arrivée d'Hannah nous a interrompus.

– Vous êtes là ? Est-ce que… Est-ce que tout va bien ? On dirait que vous venez de voir un fantôme ! Ça y est, on a trouvé la machine.

Elle était au dernier endroit où on s'attendait à la retrouver : dans une vitrine à l'extérieur du gymnase. De la musique sortait de la salle, et mon cœur s'est mis à battre au même rythme.

Maman était là, tout près, mais je ne voulais pas l'inquiéter pour le moment. Je voulais seulement croire qu'elle allait bien. Aucun hurlement ne s'élevait ; c'était bon signe.

Stine s'est emparé de la machine et l'a serrée sur son cœur.

– Oh, ma petite chérie ! Tu m'as tellement manqué !

On n'avait pas le temps de s'attendrir. On n'avait le temps de rien du tout, à mon avis.

– Super. Commencez à écrire ! C'est un cas d'urgence, rappelez-vous !

Il m'a regardé, sa machine toujours pressée contre lui.

– Encore faut-il savoir quoi écrire.

– De quoi vous parlez ? Les monstres perdent. Les gentils l'emportent. Fin de l'histoire.

– Non, a-t-il objecté, contrarié. Ça ne fonctionne que si c'est une vraie histoire qui file la chair de poule, avec coups de théâtre et sueurs froides. Allez au gymnase. Prévenez tout le monde, a ordonné Stine. Et barricadez l'école.

Il s'est dirigé vers l'auditorium.

– Où tu vas ? a demandé Hannah.

– Me trouver un endroit où écrire. Slappy a une dent contre moi. J'ai en tête un sujet mortel, c'est le mot. Maintenant, filez !

Il s'est éloigné.

Pas la peine de s'inquiéter, ai-je pensé en tâchant de m'en convaincre. *Ce type est capable de sauver le monde.*

Slappy observait le terrain de foot.

– J'aime ça ! J'aime ça ! s'est-il écrié. Je respire l'odeur de la douleur et de la défaite.

Il s'est assis sur le capot de la voiture, entouré de ses plus fidèles compagnons. Le loup-garou. Le caniche vampire. L'abominable homme des neiges. Les extra-terrestres aux yeux globuleux. Les spectres du cimetière aux visages maculés de terre. Ils attendaient ses ordres. Ils lui faisaient confiance. Ils feraient n'importe quoi pour lui. Parce qu'ils lui devaient leur liberté. Ils savaient qu'il était prêt à tout pour qu'ils restent libres. À jamais. Slappy se balançait au rythme de la mélodie émise par la radio. C'était une nuit magnifique. En tendant l'oreille, il a entendu des hurlements terrifiés apportés par le vent. Les nains de jardin affairés ont déchargé un coffre rempli de manuscrits. Slappy leur a tendu la clé, et ils ont entamé leur noble tâche. Ils ont déverrouillé les manuscrits l'un après l'autre.

– Pas celui-ci, a ordonné soudain Slappy. Pas tout de suite.

Celui-là, il le gardait pour plus tard.

– Maintenant ! a lancé Slappy.

Et les nains ont soulevé les couvertures des livres. Les monstres ont surgi d'entre les pages, grondant, rugissant, gueulant et hurlant de rage. Ils étaient restés enfermés depuis trop longtemps.

Ils avaient faim.

– Tous mes amis enfin réunis ! s'est esclaffé le pantin.

Puis il a ajouté :

– Je me suis donné du mal. Il est temps de faire du mal à d'autres !

Il a jeté une allumette dans la pile de livres qui se sont aussitôt enflammés.

Impossible de revenir en arrière.

28

– Alors ça ressemble à ça, le bal du lycée ? a dit Hannah.

– Ouais, normalement, ai-je fait. Mais la danse, là, c'est naze ce soir. Mais ça te donne une idée.

Hannah regardait autour d'elle d'un air stupéfait comme si elle découvrait un pays étranger. Et je suppose que, pour elle, c'est ce que représentait le lycée. Avait-elle passé toute son existence enfermée dans sa maison, ne s'échappant que la nuit ? Ce n'était pas une vie !

À cet instant, j'ai entendu une voix familière m'appeler par mon nom :

– Zach !

– Maman !

Elle s'est faufilée à travers la foule pour me rejoindre.

Elle m'a serrée dans ses bras avec la force d'un ours. En temps normal, la chose était cent pour cent contraire à ma règle « on-ne-se-connaît-pas-quand-on-est-dans-l'enceinte-du-lycée ». Mais, cette fois, je lui ai rendu son étreinte en souhaitant la tenir contre moi pour toujours.

— J'étais morte d'inquiétude, s'est-elle écriée. Ni toi ni Lorraine n'étiez joignables !

Je comprenais seulement maintenant à quel point je m'étais inquiété pour elle, moi aussi. Mais ce n'était pas le moment de le lui expliquer, encore moins de calmer son inévitable affolement si elle apprenait à quoi j'avais passé la nuit.

— Oui, je sais, ai-je dit. Maman, tout le monde est en danger, ici. Il faut vite barricader l'école.

Elle s'est renfrognée.

— Oh, non, Zach ! Arrête avec tes histoires !

Elle me pensait capable de ça ? Je n'arrivais pas à y croire.

— Non, il vous dit la vérité, est intervenue Hannah.

Puis elle a tendu la main.

— Bonsoir. Je me présente : Hannah, votre voisine.

Pendant que maman tâchait de comprendre ce que je faisais au lycée avec une *fille*, Champ et moi avons bondi sur la scène.

Champ a écarté vigoureusement le DJ et, s'emparant du micro, a clamé par-dessus le brouhaha :

— Allô, tout le monde ! Écoutez-moi ! C'est important, vous devez m'écouter. J'ai… J'ai une annonce à faire !

Des centaines de paires d'yeux se sont tournées vers lui, dans l'attente d'une déclaration fracassante.

152

– Euh… écoutez tous mon meilleur pote, Zach ! Allez, Zach ! Dis-leur ce qui se passe !

Et il m'a tendu le micro.

– Bon, ai-je commencé, ça va vous paraître assez dingue, mais des monstres ont envahi Madison.

L'assistance a éclaté de rire.

– Écoutez-le ! est intervenu Champ. C'est vrai, ce qu'il dit ! Il n'invente rien !

– Ils ont bloqué tous les accès routiers de la ville, ai-je repris. Ils ont aussi détruit les antennes-relais. Ils ont réussi à nous… à nous couper du reste du monde. Et… ils pourraient bien attaquer d'un instant à l'autre. Donc, il nous reste très peu de temps pour…

Au fond de la salle, quelqu'un a lâché un rot sonore.

Quand toute l'assemblée a explosé de rire, j'ai eu un brusque élan de compassion envers ma mère et tous les proviseurs adjoints du monde.

Un petit malin s'est mis à hurler en désignant la vitre du stade :

– Il a raison ! C'est le père Fouettard ! Il fouette à plein nez ! Au secours !

Je me suis demandé si je pourrais convaincre Stine d'écrire un roman sur le père Fouettard Qui Mangeait les Petits Malins au Dessert.

Au milieu de la foule, j'apercevais la face hilare d'un type en train d'en taper cinq avec ses copains tout aussi hilares, pendant que tous les autres me riaient au nez.

Puis j'ai vu le petit malin se retourner et regarder *vraiment* par la baie vitrée.

Il a hurlé de nouveau :

– Il y a un insecte immense en train de croquer nos voitures !

– Change de disque, mec, a soupiré un autre.

– Non, je suis sérieux…

Avant qu'il ait terminé sa phrase, la patte gigantesque d'une mante religieuse a brisé les carreaux et a emporté le garçon au travers.

Les rires ont cessé. Un silence total est tombé sur le gymnase tandis qu'un énorme œil d'insecte nous contemplait par l'ouverture.

Le silence s'est prolongé encore quelques secondes. Et puis ?

Et puis des centaines de lycéens et leurs enseignants ont été pris de folie. Ça piaillait, ça glapissait, ça hurlait, ça appelait papa et maman, ça suppliait la police d'arriver tout de suite, ça gémissait : *Quelqu'un n'importe qui oh mon Dieu au secours…*

Le chaos était total, et ça n'allait pas nous faciliter les choses.

– Du calme ! ai-je crié. Écoutez-moi, s'il vous plaît ! Je sais ce qu'il faut faire. Mais je n'y arriverai jamais si vous ne me filez pas un coup de main.

Le silence est revenu, et tous les regards ont convergé vers moi comme s'ils me *croyaient*, comme si j'avais toutes les réponses et pouvais vraiment les sauver.

Ce qui m'a quasiment terrifié. Parce que, qui étais-je pour sauver qui que ce soit ?

Hannah a dû lire la panique dans mes yeux. Elle m'a adressé un de ses plus beaux sourires, celui qui signifiait : *Tu peux le faire. Je sais que tu le peux.*

Et cela m'a suffi pour me donner confiance en moi.

– Écoutez ! Ces… créatures, dehors, ce sont les monstres de R. L. Stine. Il est ici. Et il peut régler ça. Mais il faut qu'on lui donne le temps d'écrire. Alors… qui parmi vous a lu des « Chair de poule » ?

Personne n'a bougé. Sur la scène, Champ a levé fièrement la main. Un par un, dans l'assistance, d'autres l'ont imité, jusqu'à ce que presque tout le monde, dans le gymnase, ait la main en l'air.

– Bien. Alors, vous savez tous quoi faire.

29

Je me sentais bizarre d'être à la tête de tout ça.

Et assez effrayé.

La première étape était de rassembler autant d'objets que possible pouvant servir d'armes : seaux et balais dans le placard d'entretien, battes de base-ball, clubs de golf, crosses de hockey et raquettes de tennis dans les armoires de matériel.

Puis j'ai envoyé le proviseur Garrison et un groupe d'élèves chercher des bureaux dans les classes afin de dresser une barricade au cas où les monstres surgiraient.

L'attaque ne s'est pas fait attendre longtemps. Un escadron de minuscules robots, dont les yeux rouges lançaient des rayons laser, s'est faufilé entre les interstices des barricades. Je les ai reconnus : des Désintégrateurs 3 000, bien décidés à *nous* désintégrer.

Des épouvantails de quatre mètres de haut ont brisé de leurs poings de paille les fenêtres donnant sur la cour. J'ai expédié sur le toit une troupe d'élèves et de professeurs armés de battes et de balles de base-ball pour les vider de leur bourrage.

J'ai évacué les autres dans la cafétéria, et on s'est barricadés derrière des tables retournées – juste avant l'assaut des vampires.

Par chance, on a trouvé les armes qu'il fallait : des cuillères et une pleine bassine de purée à l'ail.

– Tu es sûr que ça va marcher ? m'a demandé Champ.

J'ai brandi une énorme cuillerée de purée.

– Les vampires détestent l'ail, non ?

– Ouais… mais la purée de pomme de terre à l'ail ?

Un vampire et sa fiancée vampire approchaient. Juste derrière eux, leur caniche vampire voletait vers nous.

Hannah a levé une cuillère pleine.

– On va le savoir tout de suite.

J'ai hurlé :

– Feu !

Et on a lancé de la purée à l'ail. Les vampires ont fait demi-tour en poussant des cris de douleur.

– Je n'arrive pas à croire que…

Un autre vampire a passé la tête dans le gymnase, et on lui a balancé ce qui nous restait.

Au lieu de fuir, il a essuyé la purée qui lui collait à la figure.

– Ce n'est que moi, les gars, a-t-il dit tranquillement.

Alors, je l'ai reconnu. C'était le garçon habillé en style gothique qui était derrière moi en cours de chimie.
– Euh, désolé, Seth, a dit Champ.

On n'avait pas de temps à perdre en excuses. Il fallait exploser les nains de jardin à coups de boules de bowling, brûler des aliens aux yeux globuleux avec des becs Bunsen, démailloter une momie grâce à un piège de colle forte.

– Tenons encore un peu, ai-je dit à Hannah en détruisant deux énormes têtes d'insecte. Stine doit avoir presque fini.

Et en espérant que ce ne soit pas une simple supposition.

Au centre de la scène plongée dans la demi-obscurité, l'auteur était assis devant un vaste bureau et fixait sa machine à écrire.
– « La nuit était noire », a-t-il murmuré en tapant sur les touches sans grande conviction. Non... « Noire était la nuit. »
C'était mieux.
– « Les ténèbres enveloppaient la nuit. »
Puis les mots lui sont venus. Il a tenu ses mains au-dessus des touches :
– « La nuit était froide. »

Un souffle frais lui a caressé la nuque. Il a levé les yeux, sur la défensive.

Ça ne suffirait pas à le sauver.

Slappy marchait dans le corridor, il approchait.

– Papa ? Où es-tu ? a-t-il appelé. Je veux voir ton visage. Je n'ai pas eu une seule occasion de rire de toute la nuit.

S'efforçant d'ignorer l'impression que les ténèbres s'épaississaient autour de lui, Stine s'est mis à taper furieusement, de plus en plus vite.

– « Tous les monstres s'étaient rassemblés. Les vampires vicieux, la mante religieuse, le masque hanté... »

– Tu n'oublies pas quelqu'un ? a demandé une voix métallique.

Stine a levé les yeux. L'auditorium était plongé dans le noir. Un unique projecteur éclairait le bureau, sur la scène. Ébloui par cet éclat, l'écrivain ne voyait rien. Mais il savait que le pantin était là.

– Slappy ?

Un gloussement a résonné dans la grande salle vide. Un autre projecteur s'est allumé, révélant Slappy, sur un siège, dans la rangée du milieu. Il a souri à son créateur.

– Ça fait plaisir de te voir sur cette scène, a caqueté le pantin. Tu es prêt pour le dernier acte ?

– Comment m'as-tu retrouvé ?

– Je t'ai senti. Ou alors j'ai marché sur quelque chose dans la rue ?

Slappy s'est esclaffé à sa mauvaise plaisanterie.

– Tu ne peux pas te cacher. Parce que je te connais. Je t'ai créé. À moins que ce ne soit le contraire ? J'oublie tout le temps. On se ressemble tellement...

Le projecteur s'est éteint. Slappy a disparu.

– Slappy ? a appelé Stine, de la panique dans la voix. Où es-tu ?

Les lumières se sont rallumées. Slappy s'est rapproché. Il était assis au premier rang.

– Tu te crois beau ? a-t-il coassé. Les choux ont une tête plus belle que la tienne !

– Qu'est-ce que tu veux ?

– J'ai décidé de te donner le choix. Travaille avec moi, et tu vivras. Travaille contre moi, et...

Il a gloussé. Comme il aimait le son de son mauvais rire !

– ... et tu manqueras le plus drôle.

– Non, Slappy. Je ne veux pas.

Slappy a fixé froidement Stine avant de déclarer :

– Je te connais mieux que tu ne te connais toi-même. Tu te dis : « Je suis fini. Je n'écrirai plus jamais. » Mais tu me reviens toujours. Parce que tu as besoin de moi. Parce que tu es moi.

Stine a grimacé.

161

– Nous ne sommes pas la...

– ... la même personne ?

Slappy avait achevé la phrase avant lui.

Il a ricané.

– Tu vois ? Je connais chacune de tes pensées, tes fantasmes les plus sombres, les plus secrets, papa. C'est toi qui m'as fait comme ça. Nous partageons tout.

Stine s'est levé en hurlant :

– Non ! Les choses ont changé.

Slappy a secoué la tête.

– Changé ? Les seules choses qui ont besoin d'être changées, ce sont tes sous-vêtements.

L'auditorium a soudain été plongé dans une totale obscurité.

– Slappy ? a appelé Stine. Slappy ?

Mais Stine aurait dû savoir qu'on ne contrarie pas le pantin. Quand les projecteurs se sont rallumés, il était assis sur le bureau, tenant les dernières pages de l'écrivain.

Il a lu :

– « Ce soir-là, dans le lycée, tous avaient uni leurs forces pour battre Slappy et ses monstres. »

Non, ça ne se passerait pas comme ça.

Slappy a improvisé la suite :

– Mais Slappy avait une autre idée.

Stine a tenté de lui arracher les feuillets ; Slappy lui a refermé le couvercle de la machine sur les doigts.

Il y a eu un craquement sec, suivi d'un cri de douleur.

– Oups ! a rigolé Slappy. Ça fait mal ? Je t'ai fait du mal ? Ha, ha, ha !

« Mal » n'était pas le bon mot. L'auteur n'écrirait plus rien. Plus rien de la nuit, en tout cas.

30

Hannah et moi, on a entendu le cri de Stine de l'extérieur de l'auditorium. On s'est précipités.

Il était seul sur la scène, assis devant sa machine à écrire, sa main pressée contre lui avec précaution, comme on tient un oiseau blessé.

– Cette saleté de pantin m'a cassé les doigts, a-t-il vociféré.

Hannah a couru vers lui.

– Je n'avais plus qu'une page ou deux à écrire !

J'ai suggéré :

– Oubliez ces deux pages ! Tapez seulement un mot : FIN.

Il a secoué la tête.

– Ce n'est pas comme ça que ça marche.

Soudain, tout le bâtiment s'est mis à trembler. On aurait dit une secousse sismique.

L'alarme s'est déclenchée, et la voix du proviseur a retenti :

— Ceci est une annonce pour tout le monde ! Des monstres ont envahi le lycée de Madison. Repliez-vous calmement vers la réserve ! Je répète : repliez-vous calmement...

Je me suis emparé des feuillets et de la machine.

— On verra ça plus tard. On fonce !

On a couru dans le hall en esquivant des monstres à chaque pas. Le principal avait raison, ils étaient partout. Des plantes carnivores surgissaient des casiers, des aliens aux yeux d'insecte marchaient en rang, projetant furieusement leurs rayons paralysants. Des épouvantails, un clown sinistre, un guérisseur sorcier, ils étaient tous à nos trousses.

Hannah est tombée, je l'ai relevée. Et, l'espace d'un instant, elle m'a de nouveau paru... transparente, étrangement lumineuse.

— Ça va ? ai-je soufflé.

— Ouais, merci !

Je ne sais comment on a réussi à franchir les portes et à filer dans la nuit.

On a traversé la cour et on s'est engouffrés avec tous les autres lycéens dans la salle où l'on range le matériel de gym. Champ et moi, on a barricadé la porte.

Des zombies et des épouvantails pressaient leurs visages aux fenêtres et tapaient contre les vitres. Le plafond a tremblé. Une pluie de plâtre nous est tombée dessus. Il y avait quelqu'un sur le toit, bien décidé à se frayer un passage.

Des rugissements retentissaient derrière la barricade. On était peut-être en sécurité, mais pour combien de temps ?

— Ils vont finir par entrer. Zach, qu'est-ce qu'on fait ? a demandé Champ.

— Je n'en sais rien, ai-je admis.

Stine nous a fait signe de le rejoindre près de la fenêtre donnant sur le parking. La plupart des voitures étaient aplaties, mais des bus scolaires étaient intacts, prêts à partir.

— C'est moi que veut Slappy, a dit Stine. Je suis sa cible. Écoutez-moi ! Je vais filer avec un bus. Si je peux éloigner les monstres d'ici en les attirant dehors, je sais qu'ils me suivront. Et vous serez tous sauvés.

Hannah a paru horrifiée.

— Je veux venir avec toi.

— Non, Hannah. Je dois y aller seul.

Stine a posé une main sur son épaule.

— J'ai passé ma vie entière à fuir les gens. J'en voulais tellement au monde réel que j'ai créé ces horribles monstres. Mais ma colère s'est envolée. C'est ma faute, pas la tienne. Ni la leur.

Il m'a semblé qu'Hannah n'écoutait pas. Elle a secoué la tête.

— Il doit bien y avoir un autre moyen.

— Hannah, mon cœur, le temps est venu d'affronter mes démons.

Champ a levé le poing.

— Je sais que vous allez réussir !

— Ferme-la, a dit Stine.

Après une longue inspiration, il s'est ravisé.

— Pardon. Merci pour ta confiance, vraiment.

J'étais stupéfait. Les gens pouvaient changer, finalement, même les types comme Stine. Allions-nous le laisser partir tout seul vers une mort certaine ?

Puis j'ai remarqué un mannequin de placage[1], dans un coin.

Et j'ai eu une idée.

Slappy a vu l'écrivain se faufiler dans le bus. Il a écouté le rugissement du moteur. Il a regardé le véhicule s'éloigner du gymnase.
— Oh, papa, où t'en vas-tu ? a chantonné le pantin. Je croyais qu'on observerait les destructions ensemble.

Il a adressé un signe de la main à son armée de monstres.

— Ramenez-le-moi !

Puis il s'est ravisé.

---

1. Sorte de gros boudin servant aux entraînements de rugby ou de football américain.

168

– Ou plutôt tuez-le. Ce petit jeu commence à m'ennuyer.

L'ordre était donné.

Les monstres se sont élancés vers le bus en une lourde et bruyante galopade. Slappy les a suivis dans sa voiture en riant d'excitation. Bientôt, tout serait fini. Bientôt, l'écrivain mourrait. Mais ses créatures vivraient. Et Slappy serait leur chef.

– Maintenant, c'est moi qui écris l'histoire. Et croyez-moi, c'est une histoire d'horreur !

Le bus a foncé sur la route sombre, trouant la nuit. Puis un battement d'ailes immenses a traversé l'obscurité. Un sifflement sonore a déchiré le silence.

La mante religieuse géante a piqué sur le bus et l'a projeté hors de la route. Le véhicule a fait plusieurs tonneaux avant de s'arrêter, le toit presque arraché, la carrosserie défoncée. À l'intérieur, il n'y avait que le silence.

Les monstres ont convergé vers la carcasse de métal, curieux de découvrir le corps sans vie qui gisait à l'intérieur.

Plus près... plus près... jusqu'à ce qu'ils découvrent que le mort n'était qu'un mannequin de placage portant le manteau de l'auteur.

Une crosse de hockey a appuyé sur l'accélérateur. Une ceinture de cuir a maintenu le volant.

Les monstres ont rugi de colère.
L'un des spectres a avisé un fil électrique sur le côté d'une portière. Il a tiré dessus une fois, deux fois. Il y a eu un étrange cliquetis.
Et le bus a explosé.

31

– Ça a marché ! ai-je rugi tandis que notre bus dépassait à grande vitesse le véhicule détruit.

Qui aurait dit qu'avoir appris mes leçons de chimie me vaudrait une telle satisfaction ?

– You-hou ! a triomphé Hannah.

Stine lui-même s'est fendu d'un sourire.

– Bon, maintenant, où on en est ?

Il m'a dicté tout en conduisant :

– « Le plan ingénieux de Stine fonctionna à la perfection. »

J'ai cessé de taper.

– Le plan ingénieux de *Stine* ?

– Je vais trop vite ? « Le courage de Stine dépassait toute mesure. Il avait réduit les monstres en charpie et sauvé toute une ville. Il était le parfait héros américain, mais il ne s'en vanterait pas, car ce n'était pas son genre. »

– Vous voulez bien que j'écrive la dernière ligne ? ai-je proposé. « Ce type avait vendu quatre cents millions d'exemplaires à travers le monde. »

– C'est moi l'auteur, a-t-il objecté. Tu n'es que le secrétaire. Contente-toi de taper ce que je te dicte.

– Où est-ce qu'on va ? s'est enquis Champ.

– Où qu'on aille, Slappy me trouvera, a dit Stine. Parce qu'il est moi.

L'idée ne semblait guère le réjouir.

– Nous devons nous rendre quelque part où je ne suis jamais allé. Un endroit dont je ne connais même pas l'existence.

– Je sais où, a dit Hannah.

J'étais tout à fait sûr de le savoir aussi.

* * *

Le parc d'attractions abandonné paraissait encore plus sinistre, maintenant que je connaissais l'existence des monstres. Mais Hannah avait raison, c'était la cachette parfaite. Elle nous accorderait le délai dont nous avions besoin.

On est descendus du bus tous les quatre et on a traversé le parc en courant.

– « Il n'y avait à l'évidence qu'un seul endroit où se réfugier », m'a dicté Stine.

– Je ne peux pas courir et taper en même temps, lui ai-je fait remarquer.

– Prends… en note… de mémoire : « De toute évidence, il ne restait plus qu'une cachette dans tout le parc. La… euh… la salle de jeu. »

– Il n'y a aucune salle de jeu, a dit Hannah.

Stine a regardé autour de lui en tendant le cou avant de corriger :

– « C'était en réalité un… Palais du Rire. »

Le Palais du Rire était un labyrinthe de miroirs déformants. On a traversé un kaléidoscope de reflets distordus, qui allongeaient ou aplatissaient nos corps de façon grotesque.

Hannah a projeté le rayon de sa lampe-torche sur les touches, et j'ai tapé aussi vite que j'ai pu sous la dictée de Stine :

– « Le Palais du Rire était un endroit terrifiant. Mais il constituait un refuge contre les vraies horreurs qui rodaient à l'extérieur. »

Quand on parle d'horreurs…

– Eh bien, vous voici dans le Palais du Rire, a caqueté une voix familière. Et on va rire, en effet !

Slappy nous avait trouvés.

32

Toutes les ampoules du labyrinthe se sont allumées, dispensant une lumière rouge.

Slappy se tenait devant un énorme miroir. L'explosion du bus lui avait carbonisé la moitié du visage. Il semblait plus furieux que jamais.

– Papa, tu es parti sans même dire au revoir, a-t-il grondé.

Slappy et Stine se faisaient face devant le miroir, leurs reflets déformés étrangement identiques.

– J'étais ton meilleur ami. Mais tu as préféré me tourner le dos. Tu m'as enfermé, emprisonné entre les pages d'un livre. Tu m'as oublié sur une étagère pendant des années et des années. La clé était juste à côté, et tu ne l'as jamais utilisée.

– Tu n'es pas réel, Slappy, a dit Stine. Tu es ma création. Je peux t'effacer.

175

Slappy a ri :

— C'est moi qui écris l'histoire, maintenant. Désolé, il n'y a pas de place pour un personnage nommé Stine.

Slappy a brandi un livre.

— J'avais mis de côté ce monstre rien que pour toi. Dis bonjour à mon ami de gélatine !

Stine est devenu blême.

— Non, non, pas lui, Slappy !

— Il voudrait te dire bonjour, peut-être même te donner un petit coup de dents. Ha, ha, ha !

Sortant la clé dorée, le pantin a déverrouillé la serrure. Alors…

— Fuyez ! a hurlé Stine. C'est le mangeur d'hommes ! Il ne faut pas qu'il vous touche !

Une masse gélatineuse a jailli d'entre les pages. Elle s'est étalée sur les murs et le sol rouillés, s'est répandue en tous sens, avec d'horribles bruits de bête affamée, pour nous rattraper.

On s'est enfuis tous les quatre du Palais du Rire pour nous retrouver face à ce qui restait de l'armée des monstres. On était pris.

— La Grande Roue ! a hurlé Hannah.

Et on a foncé dans cette direction.

Stine m'a fourré le manuscrit inachevé dans les mains.

— Zach, continue ! Je vais le retenir. Toi, tu termines le livre.

— Hein ? Qu'est-ce que je dois écrire ? C'est… c'est quoi, la fin de l'histoire ?

176

– Zach ! C'est l'histoire que j'écris. C'est ce qui se passe en ce moment. Tu peux la terminer. Écris !

– Attendez !

Je pouvais faire ça ? Terminer l'histoire ?

En vérité, je n'avais guère le choix. Stine s'est enfui avant qu'Hannah ait pu l'en empêcher.

Champ, Hannah et moi avons escaladé les pylônes rouillés de la Grande Roue. On était au sommet à l'instant où Stine arrivait face au mangeur d'hommes...

Le monstre l'a avalé. Puis son corps livide s'est mis à trembler, secoué par un énorme rot.

Hannah a hurlé de désespoir. Elle a tenté de redescendre, mais Champ et moi l'avons retenue.

Même si ça me déchirait le cœur de la voir dans cet état, je ne pouvais pas la laisser se sacrifier. D'autant qu'il était trop tard pour sauver son père.

– Attendez ! s'est écrié Champ. Regardez !

Il désignait le monstre – une silhouette ressemblant à Stine se débattait à l'intérieur.

– Il est toujours vivant !

Depuis notre perchoir, nous avons aperçu Slappy qui s'approchait. On ne pouvait rien faire, seulement regarder.

– Ça te plaît, papa ? a raillé le pantin. Maintenant, tu sais ce que ça fait, d'être enfermé dans l'un de tes livres !

J'étais supposé écrire. Mais la scène était si grotesque, si impossible, que je ne pouvais en détacher les yeux. Jusqu'à ce que je perçoive un mouvement au pied de la roue. L'armée des monstres l'avait atteint – et elle commençait à *grimper.*

– Ils arrivent ! a piaillé Champ. Qu'est-ce qu'on fait ?

– Fais-nous gagner du temps, lui a ordonné Hannah.

Champ s'est penché dans le vide.

– Fichez le camp de là ! a-t-il crié aux monstres.

Puis il s'est tourné vers Hannah :

– Ça ne leur fait aucun effet.

Ôtant une chaussure, il l'a jetée à la tête du spectre le plus proche. Le spectre a poursuivi son ascension.

– Ça ne marche pas non plus.

D'accord. Je n'avais plus qu'à terminer l'histoire. Je ne savais pas si ce que je tapais avait le moindre sens ni si ça serait efficace. Stine avait raison : ce n'était pas aussi simple que ça le paraissait. Mais j'ai continué de taper. Il le fallait.

– Ne t'arrête pas, a murmuré Hannah.

Elle comptait sur moi. Ils comptaient tous sur moi.

J'ai inspiré profondément, et j'ai improvisé :

– « Tandis que les monstres approchaient, Zach se concentra et ferma les yeux. Il ouvrit le livre. Alors, les monstres furent aspirés dans leur monde d'encre et de papier. »

– Tu pourrais taper plus vite ? s'est affolé Champ.

– Attends ! C'est la première fois que je me sers d'une machine à écrire.

– Mais ils arrivent !

– Il faut conclure, Zach, m'a pressé Hannah.

– « Un à un, les monstres furent happés par le livre. »

– Dépêche !

– « Jamais plus personne... ne les revit. Fin ! »

J'ai arraché la dernière page de la machine.

– Qu'est-ce qui va se passer, maintenant ? a demandé Champ.

La mante religieuse mâchonnait les écrous de la Grande Roue. Bientôt les monstres n'auraient plus à grimper vers nous, parce que nous allions nous écraser au sol dans un amoncellement de débris.

– On va vite le savoir, ai-je dit.

J'ai réuni les feuillets et les ai rangés dans la couverture de cuir du manuscrit de Stine. Puis j'ai fermé le livre.

– Ça va marcher, a dit Hannah. Je le sais.

La mante religieuse a broyé un dernier écrou et, dans un effroyable fracas métallique, la Grande Roue a vacillé sur ses bases.

– Cramponnez-vous ! ai-je hurlé en m'accrochant de toutes mes forces au barreau le plus proche, tandis qu'on était emportés dans une rotation incontrôlable.

La Grande Roue s'est mise à tourner, tourner... Et le manuscrit m'a échappé des mains.

33

– Rattrapez-le ! ai-je hurlé en tendant désespérément le bras.

La Grande Roue a basculé sur le côté avant de s'écraser tel un gigantesque *quarter*[1]. On a tous roulé au sol, miraculeusement indemnes, mais…

– Le manuscrit ? Vous l'avez ?

J'avais beau regarder en tous sens, je ne le voyais nulle part.

On était tombés assez loin des monstres pour être tranquilles un moment, mais ils auraient vite fait de revenir.

Hannah m'a fait un signe négatif.

Puis un grognement est sorti d'une des nacelles. Champ s'en est extirpé, chancelant mais triomphant. Et il a brandi le manuscrit.

---

1. Pièce de monnaie la plus courante aux États-Unis, d'une valeur d'un quart de dollar.

– Je l'ai !

Je m'en suis emparé. Je n'avais plus qu'à l'ouvrir, et tous les monstres seraient aspirés à l'intérieur.

Tous les monstres. Je fus soudain frappé de ce que ça signifiait.

Je me suis immobilisé.

– Vas-y ! Qu'est-ce que tu attends ? m'a lancé Champ. Ouvre le livre ! Les monstres seront là d'une seconde à l'autre !

J'ai pris Hannah à part.

– Hannah, il y a un truc important que tu dois savoir. T'auras du mal à le…

– Dépêche-toi d'ouvrir le livre, a-t-elle insisté.

– Non, non, tu ne sais rien. Si jamais on ouvrait ce livre, ça signifierait…

Elle m'a interrompu :

– Ça signifierait qu'on me rangerait sur une étagère pour toujours.

– Tu étais au courant ? ai-je soufflé.

D'une voix très douce, elle a demandé :

– Combien de fois une fille réelle peut-elle fêter ses seize ans ? Zach, il est temps de tourner la page. Maintenant, poule mouillée, ouvre-le !

– Non.

– Alors, c'est moi qui l'ouvrirai.

– Non, Hannah ! Non ! Je te tiens !

Tandis que le tourbillon l'entraînait, je la serrai de toutes mes forces.

— Non, protesta-t-elle. Tu dois me laisser partir. Ça va aller ! Je serai toujours dans ton imagination.

Elle m'échappait. Et je ne pouvais rien faire pour la retenir.

— Je serai enfin à ma place, murmura-t-elle encore. Dommage qu'on n'ait pas pu danser tous les deux !

— Attends ! Non !

La tornade a été plus violente que la première fois. Une sorte de trou noir aspirait tous les monstres à proximité.

Whouch... whouch... whouch... Épouvantails, loups-garous, spectres et nains de jardin filaient dans les airs, avalés par le maelström. L'immonde mangeur d'hommes a été arraché loin de Stine.

Slappy s'est jeté sur lui, il a noué ses petits bras autour du cou de l'écrivain. Le pantin ne pouvait pas résister à la force d'attraction du livre.

— Je n'aime pas ça ! a-t-il couiné. La météo n'avait pas annoncé de cyclone ! Slappy n'est pas content.

— Stine non plus, a rugi le père d'Hannah en s'efforçant de se défaire de son étreinte.

Il lui a flanqué un coup de pied vicieux qui l'a envoyé au beau milieu de la rafale.

— Imbécile de pantin !

Slappy a enfoncé ses doigts dans la terre pour se retenir. Mais Stine lui a marché violemment sur la main. J'ai entendu un *crac !* sonore.

— Cette fois, c'est bon, a dit l'auteur.

Le pantin a tourbillonné en hurlant dans le vent furieux.

– Tu me reverras dans tes rêves ! a-t-il lancé juste avant de disparaître.

C'était fini. Tous les monstres étaient partis.

Hannah aussi.

34

La ville a été rebâtie. Par chance, les destructions étaient moins importantes qu'on aurait pu le supposer ; ça n'a pas été trop long.

Bientôt, les gens avaient oublié la nuit de l'invasion, du moins c'était ce qu'ils prétendaient. Il leur semblait probablement plus facile de penser qu'ils avaient tout imaginé plutôt que de croire que les monstres existaient et qu'ils pourraient revenir.

Ils refusaient d'admettre que les choses ne seraient peut-être plus jamais comme avant.

Le lycée a fermé pendant deux semaines, le temps de réparer les dégâts. Champ est venu souvent chez moi pour regarder la télé et jouer à des jeux vidéo. Il inventait toujours une excuse pour sortir de chez lui. Dans son sous-sol, il conservait la collection complète des romans Chair de poule, et il m'a affirmé qu'au milieu de la nuit, il entendait les personnages discuter entre eux.

Mais c'était du Champ tout craché. Probablement.

J'ai trouvé des tas de trucs à faire. De temps en temps, je me promenais avec maman. Je voyais fréquemment Stine, qui sortait avec tante Lorraine.

Enfin, le lycée a rouvert ses portes. J'étais presque content d'y retourner. C'était tout de même bizarre de m'y rendre de nouveau avec maman, exactement comme le premier jour. Comment peut-on se sentir le même après avoir vécu tant d'horreurs ?

Maman s'est garée sur son emplacement réservé.

Elle m'a adressé un clin d'œil.

– D'accord, je t'accorde soixante secondes d'avance !

Enfin, peut-être pas tout à fait le même…

– Pas la peine. On y va ensemble.

Elle m'a souri. Puis, alors que j'allais ouvrir la portière, elle l'a verrouillée.

– Quelle gamine ! ai-je raillé.

Mais c'était bon de constater que certaines choses ne changeraient jamais.

* * *

Au lycée, c'était différent.

Vraiment différent.

J'étais devenu tout à coup le type le plus populaire du bahut. Tout le monde connaissait mon nom, tout le monde voulait me saluer et être mon copain, ou du moins faire comme si. Apparemment, aider à protéger un établissement contre une armée de monstres fait de vous un type populaire.

J'ai suivi Champ en cours d'anglais. C'était un grand jour pour nous – pas seulement le jour de notre retour en classe, mais le premier jour avec un nouveau professeur.

Toute la salle bourdonnait de spéculations, chacun y allant de son pari sur son identité.

Je me suis assis à ma place et j'ai écouté leurs suppositions. J'avais hâte de voir leurs têtes quand ils découvriraient la vérité.

Le remplaçant de M. Boyd est entré dans la classe, les cheveux bien lissés, les lunettes remontées sur le nez.

– Bonjour ! Je m'appelle R. L. Stine, et je suis votre nouveau professeur d'anglais. M. Boyd se remet doucement des blessures occasionnées par l'attaque d'un insecte mutant.

Et, sans attendre la réaction des élèves, Stine s'est tourné vers le tableau et a commencé son cours :

– Toute histoire, petite ou grande, peut être divisée en trois sections distinctes : la mise en place, le développement et... les coups de théâtre.

* * *

Les coups de théâtre, ça suffisait pour moi. Je n'aspirais plus qu'à une longue année – voire une vie entière –

ennuyeuse et dépourvue de surprises. J'avais eu mon compte d'aventures, j'étais devenu un héros, je n'avais plus qu'à me consacrer à mon travail scolaire. Tandis qu'on marchait dans un couloir après les cours, j'ai dit à Stine :

– J'ai une question. Je peux ?

– Je t'écoute.

– Elle vous manque ?

– Pas un jour ne passe sans que je pense à elle, a-t-il avoué.

Il a marqué une pause avant de déclarer en portant tour à tour la main à son cœur et à sa tête :

– Mais elle sera toujours ici... et là-dedans... et là.

Puis il a désigné le couloir :

– Et aussi au bout là-bas.

En riant, il a conclu :

– J'ai peut-être pondu un autre livre pour le plaisir !

Hannah était là ! Elle portait un sac à dos, comme n'importe quel élève de Madison. Et elle marchait dans notre direction.

– Hannah ! me suis-je écrié en m'élançant vers elle.

Bouleversé, j'ai bafouillé :

– Tu... tu es... C'est toi ? Tu es réelle ?

Elle m'a regardé en riant.

– Tu es revenue en vrai ?

– Bien sûr, m'a-t-elle assuré, taquine. Tu me dois une danse !

– Oh, oh ! a gloussé Stine.

Je lui ai adressé un signe avant de prendre la main d'Hannah.

– Bon, maintenant que tu es la petite nouvelle, ici, je peux te faire visiter ? On ne rencontrera pas de monstres, cette fois, promis !

Hannah m'a souri.

– J'adorerai ça.

Avant de quitter l'établissement, ce jour-là, l'écrivain a décidé de rendre visite à sa vieille machine à écrire. Elle avait retrouvé sa place dans la vitrine.
Il a eu un regard de tendresse pour sa vieille compagne d'écriture, qui avait partagé tant de bons moments avec lui.
Sans parler des heures d'horreur et de terreur à vous faire dresser les cheveux sur la tête. Mais, au fond, n'était-ce pas la même chose ?
Un jour, peut-être, il se risquerait à écrire quelque chose de nouveau. Rien d'aussi effroyable, bien sûr. Pas de rhododendron carnivore ni de cochon d'Inde haut de sept étages, mais une simple histoire. Ce serait une telle satisfaction de reposer les doigts sur les touches. (Du moins, une fois qu'elles seraient réparées.) Aussi agréable que de gratter une démangeaison.

Il était si profondément plongé dans ses pensées que, quand une des touches a bougé, il a cru l'avoir imaginé.

Mais non : la touche du L s'est mise à vibrer. Puis, avec un claquement sec, elle s'est enfoncée, comme pressée par un doigt invisible.

Stine a retenu son souffle.

La touche du A a cliqueté à son tour, puis celle du V.

Non, a pensé Stine. S'il te plaît, non. C'est impossible.

La machine ne l'a pas écouté. Quelqu'un d'autre la contrôlait. Une touche après l'autre, elle a écrit :

LA VENGEANCE DU GARÇON INVISIBLE

Stine pouvait voir son reflet effaré dans la vitre. Et, près de lui, quelque chose d'autre.

L'empreinte d'une main.

Le jeu recommençait.

Composition et mise en pages
Nord Compo à Villeneuve-d'Ascq

Quand Zach et sa mère déménagent pour s'installer à Madison, les premières personnes qu'ils rencontrent sont leurs voisins, M. Shivers et sa fille Hannah.

Hannah a l'air sympa, mais son père est plutôt inquiétant.

Hannah emmène Zach dans son lieu préféré, un parc d'attractions abandonné.

Mais, quand ils rentrent chez eux, le père d'Hannah les attend, et il est furieux.

Le lendemain, au lycée, Zach se fait un nouvel ami, Champ.

Cette nuit-là, Zach entend un cri venant de la maison d'Hannah. Persuadé que la jeune fille est en danger, il appelle la police.

La police n'ayant rien trouvé de suspect, Zach et Champ décident d'enquêter eux-mêmes.

Ils trouvent Hannah chez elle, saine et sauve. Mais ils libèrent malencontreusement un monstre enfermé dans un manuscrit.

Les jeunes gens suivent l'abominable homme des neiges jusqu'à la patinoire.

Ils ne réussissent pas à arrêter le monstre, mais le père d'Hannah y parvient. Il n'est autre que le célèbre écrivain d'horreur, R. L. Stine !

Les trois amis découvrent alors que Slappy, la créature la plus maléfique que Stine ait imaginée, a libéré tous les monstres des livres de l'auteur.

Zach, Hannah, Champ et Stine doivent à présent les ramener entre les pages d'où ils n'auraient jamais dû sortir.

Réussiront-ils à vaincre ces monstres sortis de chaque roman Chair de poule ?